JN136365

まだ気づいていない
あなたと語る

# セキララ憲法

金杉美和

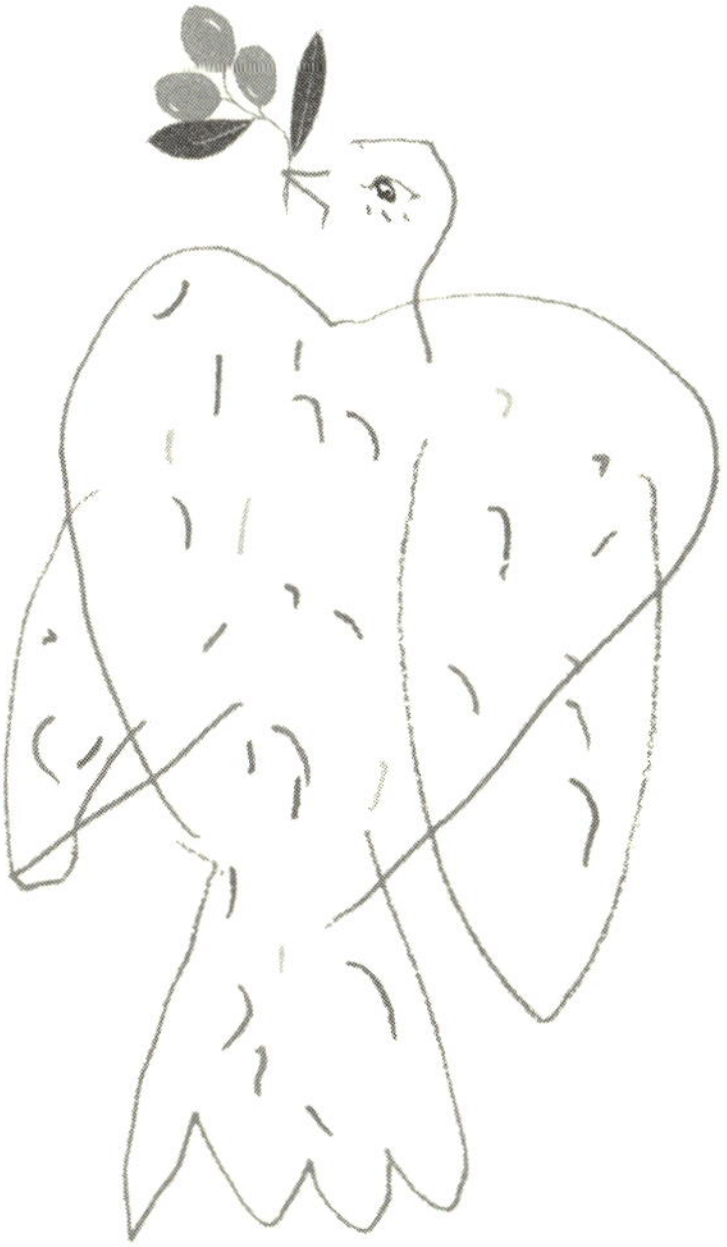

新日本出版社

# プロローグ　～二〇二×年、憲法が変わった世界～

「瑛太《えいた》、就職決まったー？」

「決まんねえ。超ムリ、ぜってえ決まんねー」

俺と唯人《ゆいと》は高校三年。俺らの学校には特進クラスもあって、そいつらはみんな大学に行くけどさ、俺らはムリ。

唯人んちは親父が病気で働けなくなって、「きゅーぎょーほしょー」っての受けてるらしい。

俺んちは、母さんが離婚して俺と二人の弟を育ててくれてるけど、親父はいつの間にか「よーいくひ」を払ってこなくなった。母さんがいつもブツブツ言ってる。「養育費も払わないなんて、サイテーの父親だよ、あんたらの親父は」ってさ。だから母さんはいっつも、昼も夜も働いてる。そんでも大学は……やっぱムリだよなあ。

俺ら「普通」の七クラスは、ほとんどがそんな感じ。公立だから学費は安いし、モデル校たら何たらで、特進クラスにはめっちゃお金かけてるから、おこぼれに与《あずか》って俺たち普通クラスの校舎もすげーきれい。それはいいんだけどさ、特進クラスの奴《やつ》らがやれ東大何人だ、京大何人だ、早稲田は、慶応は……とかって毎年言ってるのが、すんげー遠い世界。笑うしかない。

「でもさ、知ってるか？　特A奨学金ってさ、国防軍に二年入ったら、返さなくっていいらしいぜ。」

俺が漕《こ》ぐチャリの後ろに立ち乗りしながら、唯人が言う。

「え、唯人おまえ、特A奨学金、取んの？」

「やー、その前にさ、俺、ガッコ出たら国防軍入っちゃうかもしんねー。」

驚いて、思わずブレーキをかけた。

「あっぶねえ、急に止まんなよ！」

俺たちが中学校に入った頃、それまでの「自衛隊」が「国防軍」って名前に変わった。そんときは、毎日のようにニュースで騒いでたから、さすがに俺たちみたいな中坊でも、何か大変なことらしい、ってことはわかった。

その前には、俺が小学生んときだけど、何回か立て続けに「けんぽーかいせー」ってのがあった。最初は、「かんきょーけん」と「きんきゅーじたい」とかいう話だったと思う。

その後に、「きゅーじゅーろくじょー」とか、「プライバシーけん」とか。そんで最後に、「国防軍」ができた。

　こんときも、好きなアニメが特番で飛んじゃうくらい、毎日テレビはそればっか。やたら偉そうな政治家のおっさんとかが出てきて、ああだこうだ言ってた。でも母さんと親父はその頃リコンの話をしてて、家の中がめちゃくちゃだった。何か投票みたいのやるらしいって騒いでたから、親父に「行かないの?」って聞いたけど、「それどこじゃない。」だってさ。母さんは、「徴兵制になるんじゃないかって心配してたけど、そうじゃないみたいだから、いいんじゃないの? 国防軍に入らなきゃいいんだから。」って言って、やっぱり投票には行かなかった。それっきり、あんまりテレビで大騒ぎすることもないから、国防軍つっても、何か遠い感じがしてたんだ。

「おまえ、でもさ、国防軍入ったら、戦争行かなきゃいけないかもしれないんだぜ。マジで、入んの?」

　だいいち、体育嫌い、サッカーも野球もやんない、好きなのはゲームだけっていう唯人に、兵隊がつとまるとは思えない。

「んー、そりゃ嫌だけどさ。でもなんか、オヤジの治療でさ、ホケン入らないといけないんだってさ。セイカツホゴだと金かかんねえんだけど、それだとオヤジの病気は良くならねえらしいんだよ。セーカツホゴじゃ受けられねえ治療があるらしくってさ。」

「だからって、おまえが国防軍に入ることたねーだろ?」

「や、俺が国防軍入ったらさ、ケンコーホケンっての? ホケン料払わなくっていいらしいんだよ。家族の分までさ。」

そういえば、先輩らにも、国防軍に入ったっていう、ウワサのある人が結構いた。俺も唯人も部活に入ってないから、直接は知らないけど、地元の年上とかで、アイツ軍に入ったらしいぜ、って話は聞いてた。もしかしたら、そいつらも、案外ホケンとかそんなの目当てに入ったのかもしれないな。

「瑛太は国防軍考えねーの?」

「……俺は、やだな。体力持たねーし。……でも就職マジ厳しいし、大学行きたいけど金はねえ。特A奨学金、考えよっかな。あれって、国防軍入らなくても、就職して普通に返せばいいんだろ?」

唯人を乗せてるから、一回止まると重くてしょうがないペダルをまたぐいぐい漕ぎ出しながら、言った。その脇を、うるせー選挙カーが走ってく。シューギインが解散したとかで、また選挙があるんだ。

「唯人は選挙行く? おまえ先月誕生日だったから、もう一八だろ?」

「んー、めんどいから行かねー。瑛太だって、四月生まれなんだから一八じゃん。しかも夏に選挙あったし。行ったのか？」

「行ってねー。ダルいし、今度も行かねーわ。」

センキョケンって、昔は二〇歳からだったらしい。今は酒もタバコも選挙も、一八歳から。一応校則で酒・タバコはダメってことになってるから、おおっぴらには飲めない・吸えないけどさ、二〇歳まで駄目、なんて時に生まれてなくて良かったと思う。

でも、選挙なんてどうせ行っても何も変わらない。俺たちは、いつも決められたことをなぞってるだけで、何も決めたり、変えたりする力なんかないんだと思う。特進クラスに行けるような奴は、小学校入ってすぐから塾とか通信教育とかやってたけど、うちは親父が何回も仕事変わってフラフラして、その後は離婚でもめて、それこそ「それどこじゃない」だった。最初から、俺たち普通クラスと特進の奴らじゃ、生きる世界が違うんだ。

「しばらくの辛抱だよな、唯人。オヤジさんは大変だけどさ、おまえが国防軍入って、ホケン使って病気治して良くなったらさ、辞めりゃいいんだから、国防軍。俺はもうちょっと、悪あがきしてみるよ。どこでもいいから、大学入ってさ。とりあえず特A奨学金、かな。」

そう言って、一二月の冷たい風をぐんぐん切って走った。

この頃はまだ、何とかなると思ってた。

□

ガッコを卒業して、唯人は国防軍に入った。陸軍配属だった。最初、新兵教育ってのを受けて、「陸軍北部方面隊第一一旅団第一一後方支援隊第二整備中隊に二等陸士として配属された」とメールをもらった。今は北海道の真駒内《まこまない》ってとこにいるらしい。こんな舌噛《か》みそうな部隊の名前を誇らしげに書いてくる時点で、世界違うな、と思った。

そういう俺は、大学生。三流だけど、一応県立だから、学費はそこそこ安い。特A奨学金ももらってるし、生活費はバイトで稼いでる。とりあえず就職までの猶予期間をもらったってわけだ。

□

唯人からのメールもまったくなくなった、大学三年の夏。国防軍がまた、海外に行く、って話が出てきた。これまでもあちこち行ってたけど、今度はヤバそうだ。前から中東で勢力を伸ばしてた、「アラブ帝国」ってやつが、アメリカ軍の支援を受けた政府軍と戦ってたんだけど、ついにシリアとイラク全土を制圧した。さらには、ヨルダンって国に攻め込んだ。そこの王様が、アメリカに助けてくれって言ったらしい。アメリカも軍を派遣したけど、反撃を受けて損害を被った。そんで、「友好国ヨルダンの政権維持は日本にとってシカツ問題。日本の存立と世界の平和維持のため」、アメリカへの「集団的自衛権」を理由に、日本の国防軍もヨルダンに行くって言うんだ。

総理大臣が、テレビでやたら、「日本のソンリツを脅《おびや》かす、ソンリツキキジタイです！」と叫んでる。でも心配なのは、北海道にいる部隊が、ヨルダンに行くって聞いたから。唯人はまだ北海道にいるんだろうか？　あれからメールも来ないから、わからない。最後のメールでは、「軍の中のこと、あんましゃべっちゃいけないんだ」って書いてた。だから今どこにいるかもわからない。

テレビでは、国防軍が勇ましく出動していくシーンが繰り返し流された。やっぱ、唯人もヨルダンに行ったらしい。スーパーで会った唯人のお母さんがげっそり痩《や》せてたから、母さんが心配して聞いたら、あの子帰ってくるかしら、って泣いたそうだ。ヨルダンに行った部隊は、基本アメリカの後方支援、って言ってたけど、国防軍のいる基地にも空爆があったり、攻めて来たりで、死者も出ているようだ。テレビではそんなこと言わないけど、ネットを見たら、出所がわからない情報が飛び交ってる。

でも確かに、日本は資源がないからさ、テレビで言ってるみたいに、帝国が幅をきかせて日本に石油が入ってこなくなったら、日本が滅びちゃうんだから、仕方ないのかもしれない。俺は、とにかくあのとき、唯人みたく国防軍に入ってなくて、ホント良かった、って思ってた。

大学四年の春。三つ下の弟が防衛大学に入った。どうせ国防軍に下《した》っ端《ぱ》で入って戦地にやられて死ぬくらいなら、国防軍に幹部として入ったら学費が免除になるんだから、生き残るために人を使う立場になってやる、と弟は言った。弟は結構成績が良かったから、普通の大学行きたかったんだろうな。けど、確かに特A奨学金じゃ、返せなくて国防軍に入ったとしても、普通の兵隊だもんな。弟の選択はカシコイと思う。

□

その夏、唯人が帰ってきた。それも、ただ日本に帰ってきたってんじゃなくて、家に帰ってきたんだ。中東での戦争は、まだまだ続いている。でも、中東派兵の兵隊の任期は、半年か、長くても一年らしい。それ以上は、精神が持たないから。でも、俺と一緒に帰宅部で、体育会系でもなく、フツーの高校生だった唯人には、軍隊での生活、しかも戦地での体験は一層応《こた》えたようだ。ココロを病んで、部隊にもいられなくて、軍を辞めてきたそうだ。

□

一度唯人の家に見舞いに行ったけど、会ってもらえなかった。家を出るのは、病院に行くときだけ。たまたま、お母さんの車で病院に行く唯人を見かけた。助手席に座った唯人は、伸びっぱなしの前髪の隙間から、うつろな目を窓の外に向けてた。チャリにまたがってる俺の姿は、うつってないみたいだった。唯人は、戦地で何を見てきたんだろう。

□

そして俺は大学を卒業した。就職先は、やっぱり見つからなかった。俺の大学では、正社員の就職先が決まるのは学生のほんの一、二割だから、俺も半分あきらめてた。とりあえず、学生時代から登録してた派遣のバイトで、フルのシフトで行けるところを見つけて、奨学金を返してくしかない。

中東での戦争は、泥沼と化してる。数が増えて、もう押さえきれないと思ったのか、その月の戦死・戦傷者の数は発表されるようになった。でも、帰還兵の中にも唯人みたいに精神を病んでる奴がいっぱいいるんじゃないか、って言われてる。現地でも、部隊を存続させるのが大変らしい。そういう取材をしてたジャーナリストが、「特定秘密保護法」ってのに違反したって、逮捕された。マスコミはまた、おかしいって騒いでたけど、一番批判してたレギュラーのコメンテーターがなぜかテレビに出なくなって、その後はあまりその話題も出なくなった。

□

フリーターになって半年。何とか奨学金も返してたとき、ヨルダンに部隊を派遣してる北海道の国防軍基地に、爆弾を積んだドローンが突っ込んだ。小型の爆弾だったから、死者は出なかったけど、負傷者多数、建物も半壊で、大騒ぎになった。基地の外でドローンを操縦してたのは、日本に短期滞在で入ってきたアラブ系の男で、警察に捕まりそうになったら自爆したそうだ。残されたメールのやり取りから、帝国の考え方に共感して、帝国の指示を受けて入国したことがわかった。

それからすぐに、帝国が犯行声明を出したんだ。

「邪悪なアメリカ軍をはじめとする有志連合に参加し、我々の同胞の虐殺を続けている愚《おろ》かな日本政府よ。おまえたちは、我々がアラーのご加護により権力と力を備えた帝国であり、おまえたちの血こそが偉大なるアラーへの供物《くもつ》となることを理解していない。おまえたちの血脈となる五三の原子の力を生み出す神殿に、危機が忍び寄っていることに気づいてもいない。日本にとっての悪夢を始めよう。」

これを受けて、首相は「緊急事態」を宣言した。これからは、内閣が法律とおんなじ力のある「政令」を出せるらしい。

まず、中東地域からの入国が制限された。それに合わせるように、全国各地で、日本にいるアラブ人に対して、「アラブは出て行け！」って排外運動が起こった。

それから、テロを未然に防ぐためだと言って、メールを自動検索して、帝国に関係ありそうなやり取りがあれば、設置された「国家緊急事態対策本部」に自動通報されるっていう、「緊急事態下通信管理令」が出された。出された後に、国会の承認が必要ってときには、野党から、憲法二一条に反すると反対があった。でも、「自動検索には人間の手が入らず、機械的におこなって問題のあるメールを抽出するだけだから、通信の秘密は最大限に尊重されている」とかいう理由で結局承認されたらしい。SNSでは、「メールだけって言ってるけど、電話もヤバいんじゃね？」って意見が飛び交ってたけど、そういう投稿はつぶやくそばから削除されていった。

それから、米軍基地・国防軍基地だけじゃなくて、全国五三か所の原子力発電所の周りも、厳重警戒になった。

俺のいるS県にも、原発がある。しかも、俺んちは、そのH原発から二〇キロメートル圏内にあるんだ。警察が、全世帯の調査に来た。家族構成とか、仕事とか。うちの弟が防衛大学に入ってることも、警察はちゃんと知ってた。だから、わりと警察の態度も丁寧だった気がする。

でも、すべての国道や県道、市道には、検問所ができた。うちの母さんのオンボロ車にも「登録証」が張られた。これがないと、検問を通れない。登録証には家族全員の名前が書いてあって、それ以外の人が乗ってても通れない。タクシーなんかで検問を通ろうとしても、身分証明書がないと通してもらえない。身分証明書の不携帯はそれ自体が罰金になる。

それでも、俺たちはまだいい。原発から五キロ圏内の人たちは、強制的に家を引っ越しさせられた。引っ越し先っても、五キロ圏外に散らばって建てられた仮設住宅だ。母さんの妹一家が五キロ圏内に住んでた。不自由な仮設住宅暮らしで、緊急事態宣言はいつ解除されるんだろう、って毎日のように言ってる。

一〇〇日ごとに国会が承認しないといけないらしいけど、この間の一〇〇日目のときも、あっさり事後承認された。今の国会は、衆議院も参議院も与党が半分以上握ってるから、野党がいくら反対しても駄目なんだ。緊急事態が宣言された時も、一〇〇日の延長の時も、官邸前や国会前に、抗議する人たちが数万人単位で詰めかけた。でも、最後には「秩序維持活動」と称して国防軍が出動。数十名の負傷者が出て、「鎮圧」されてしまった。

□

そんな自由のない生活にもいい加減慣れてきたころ。また緊急事態政令が出された。国防軍が、足りないらしい。死者・戦傷者の数より、精神的にダメージを受けて、使い物にならなくなる兵隊が続出してるっていう噂《うわさ》だ。だからだろう、特A奨学金を受けてる奴は全員、国防軍に繰り入れられることになった。

普通は、法律とかって、これからそうなるってことを決めるだけで、今とか前にさかのぼって「おまえ奨学金受けてるから戦争行け」ってのはダメらしい。でも、緊急事態だから、「緊急事態における国防軍の充実のための特別措置令」たら何たらいうので、俺たち現に特A奨学金を受けてて、ちゃんと返してる奴も対象になった。

騙《だま》された、と思ってももう遅い。こんな怪しげな、国からの奨学金受ける時点で文句は言えないんだ、と悔しがっても遅い。

□

三か月後、新兵教育を終えた俺は、ヨルダンの大地に降り立った。乾いた熱い空気と、土埃《つちぼこり》と、……焦げ臭い硝煙《しょうえん》の臭いのする大地。男の汗と、体臭と、不安と怯《おび》えと、すぐ隣にある死の臭いがする。

「徴兵制じゃないから、いいと思ってたのに！」泣き叫ぶ母さんの顔が目に浮かぶ。

そして唯人のうつろな目が。唯人は何を見たんだろう。俺は何を見るんだろう。

俺は、どこで間違ったんだろう——。

いつまで生きて抱き続けられるかわからない疑問を問いかけながら、俺は、戦地での一歩を踏み出した。

こんな日が、現実になろうとしています。戦争の足音は、気づいたときにはもうその軍靴の厚底で私たちが踏みにじられているくらい、きっと忍びやかに近寄ってくると思うのです。

＊　＊　＊

「憲法についての本を書いてください。」そんなお話をいただいたとき、私なんかが書いていいのかしら、と本当に思いました。確かに私は弁護士ですが、そして憲法についてもそれなりに想いはありますが、……もっとマニアックに（？）憲法を語れる弁護士はたくさんいらっしゃるからです。

でも今、憲法の最大の危機を迎えて、誰もがみんな、自分の言葉で語らなくては、そして私にも、自分の切り口で語る意味があるかもしれない、と、気持ちを奮い立たせました。憲法とか、法律とか、もっと言えば政治や社会でさえ、どうでもいいと、かつては思っていた私だからこそ、そんな「憲法なんて考えたこともない」人たちに、語りかけたいと思ったのです。

これからしばらくの間、できるだけ赤裸々《セキララ》に、語ってみたいと思います。私がどんなふうに憲法に目覚めたか。どんなに世界が違って見えたか。押しつけがましくなく、偉そうでもなく、等身大の「憲法」を。お付き合いいただければ幸いです。

もくじ——まだ気づいていないあなたと語る　セキララ憲法

# 第1章　私が憲法に目覚めるまで

## ■「変な子」の誕生

私が育ったのは、富山県の片田舎《かたいなか》。三歳までは京都の太秦《うずまさ》に住んでいたけれど、ほとんど記憶がない。うっすら覚えているのは、住んでいる団地の隣に学校があって、その間に水路があった、ってことくらい。

京都では、父親はタクシー運転手をしていた。だから今でも、京都でタクシーに乗ると、何だか運転手さんに親近感を覚えてしまう。

住んでいた団地はタクシー会社の社宅で、隣の家族もお父さんがタクシー運転手、お母さんは偶然にも、私たちと同じ富山県出身だった。同い年の女の子がいて、家族ぐるみで仲良くしていた。ちなみにそのお母さんとは、私が弁護士になった後、京都の政治集会でバッタリお会いして、お互いびっくり仰天《ぎょうてん》することになるんだけれど、それは三〇年近くも後の話。

お隣さんも、どうやら訳《わけ》ありの結婚のようだった。「も」というのは、私の家族もそうだったから。両親は母親の父、つまり私の母方祖父に結婚を反対されて、駆け落ち同然で京都に来たのだった。父親がもともと運転好きで、歴史やお寺が好きだったから、というのもあるけれど、当時の京都は蜷川虎三《にながわとらぞう》府知事のもと、民主的な府政がおこなわれていた。そのせいか、「京都は住みやすい」というイメージがあって、他府県からも人が集まっていたらしい。そんな私が後に京都へ来て、「革新府政をふたたび！」なんて活動するようになるんだから、しみじみ運命の不思議さを感じる。

やがて両親も、私が生まれて何年かして、祖父と雪解けを迎え、富山に帰ることになった。それが三歳のときだった。

□

私が弁護士になるとき、そして弁護士になった今でも、自分にとって最大の武器だと思うのは、想像力と感受性。これは、両親の教育方針と、家庭環境に負うところが大きいと思う。

両親の学歴はともに、高校中退だった。両親とも、子どものひいき目を差っ引いても賢い人だと思うんだけど、家庭の事情で高校を途中で辞めて働かざるを得なかったのだ。だから、娘の教育にはお金をケチらなかった。と言っても、勉強しろとうるさく言われた記憶はない。家庭教師を付けてもらったこともなければ、塾に行ったこともほとんどない。ただただ、私が欲しがった本はかならず買ってくれた。

小学生時代は、本当によく読んだ。中学では部活に入ったのと、自転車通学になったのとでそうでもないが、徒歩三〇分の小学校通学では、田んぼや畑で道草をして遊んだりするほかに、よく歩きながら本を読んでいた。とにかく活字に飢《う》えていて、食事中もテーブルに置いてあるウスターソースの「原材料欄」とかを読んでは、脳が心地よく刺激される快感を楽しんでいた。

□

それと、家庭環境。富山では、母方の祖父母と同居していた。父親は運送業を始めて、早朝から夜遅くまで働き詰め。母親もそれを手伝いながら、時にはバスガイドや結婚式の司会なんかをしていて、とにかく多忙だった。だからほとんど、外食したり、どこかへ連れて行ってもらった覚えがない。

毎日一緒にいたのは祖父母で、しかも私は一人娘。そういえば、小学校時代、クラスに私以外の一人っ子がいた記憶もない。

家庭内で子どもがいなくて、祖父母と一緒だから、食生活も生活パターンも、何もかも大人中心。夜は二〇時前には寝かせられるし、ゲームも買ってもらえない。テレビは一つしかないから、家でいつも見るのはおじいちゃんが見ている相撲《すもう》くらい。子ども向けの番組なんか見せてもらえず、小、中学校と、テレビはほとんど見なかった。

当然学校では話題についていけず、ヘンな奴《やつ》扱い。ときには、キツいイジメにも遭《あ》った。本気で死にたいと思ったこともある。だからイジメのしんどさは無茶苦茶わかる。それでも生き延びたのは、ギリギリのところで強さとしたたかさがあったからだと思う。

ゲームもテレビもなく、外出したりもしない代わりに、雨の日以外は（つまり雪の日も）、毎日思いっきり外で遊んでいた。家の周りには、山も森も、小川も草原も田んぼも竹やぶもあった。身近な自然は、生きるのに必要な、確かな知恵を与えてくれた。真っ暗になって外で遊べなくなると、家に帰ってご飯を食べて、眠るまで本を読んだ。

何だかこう書いてみると、自分でもとても幸福な子ども時代に思える。でも、どうしようもなく辛いことだってあった。どんな家庭にもモンダイはあるだろうが、うちもご多分に漏《も》れず家庭環境は複雑だった。家庭内では激しいケンカが絶えなかった。よく、夜中に怒鳴り声で目を覚まして、頼むからとばっちりがこっちに来ないようにと祈りながら、布団にもぐりこんでいた。母親は愛情の深さが高じて、激高すると私に対する叱《しか》り方も尋常じゃなく、今だったら虐待《ぎゃくたい》って言われかねないようなこともあった。

そんな中で、何というか、子どものときから、生きること、生き延びること、そしてどうにもならない人間の感情や激情っていうものに、向き合わざるを得なかった。それが、喉元《のどもと》を過ぎた今となっては、感謝しているというのも変だけれど、自分の血肉になっている気がする。

読書や家庭環境を通じて、「人間」については深く感じ、洞察し、考察し抜くことを（半ば）余儀なくされてきた私だけど、他方で社会とか、政治に目を向ける機会はほぼなかった。

今はどうか知らないけれど、当時両親はともに自民党員。小三のとき新築した家の座敷には、建設大臣や衆議院議長も務めた綿貫民輔《わたぬきたみすけ》議員の掛け軸が飾ってあった。私も、自民党主催の運動会とか、旅行とかに行った記憶がある。高校生くらいのとき、何で自民党なの？　と母親に聞いたら、「それ以外に安心して日本の政治を任せられるところがないから。」両親ともに、新聞や本をよく読んでいたし、涙もろい母は、テレビで戦争や飢餓《きが》のニュースが流れると、ティッシュの箱をたぐり寄せて泣いていた。ユニセフとかその手のものに、定期的に寄付もしていたし、いわゆる「良心的保守」という感じだった。

そんな家庭で育って、政治や社会の話を家でした覚えはホントに「何で自民党なの？」

くらいしかないんだけど、ただ一つ、「戦争」についてだけは、特に意識的に本を与えられた気がする。『ちいちゃんのかげおくり』『かわいそうなぞう』『一つの花』『ひろしまのピカ』『おとなになれなかった弟たちに……』……。直接に、間接に、戦争に翻弄《ほんろう》される人間の姿を語りかけてくる本たち。これが、幼い私の胸に刻まれて、三〇年後に花開くことになった。

## ■失意のフリーター時代

「変な子」だった私も一八歳になり、大阪の大学に入った。そこで私を虜《とりこ》にしたのは、……空の世界だった。「あなたも空を飛べる」。新人勧誘でもらったたくさんのビラの中で、その一言に惹《ひ》かれて、体育会の航空部に入部した。

グライダーで、日本各地の空を飛び回る日々。生活のすべてが、そのために回っていた。年間六回、一回一週間の合宿で飛ぶのだが、最低でも毎回五〜六万のお金がかかる。もっと飛ぼうと思ったら、他大学の合宿にも参加しなければならない。そのためには、短期間で、手っ取り早くお金を稼がないといけない。

最初は家庭教師をしていたんだけど、合宿のたびに一週間、二週間と休むので、使い物にならない。そこで、伊丹《いたみ》空港近くの小さなスナックを見つけて働くようになった。カウンターレディと言っても、ママさんが元ANAのスチュワーデスで、お客さんもパイロットなど空港関係者が多く、働きやすかった。合宿でしばらく休みます、と言っても快く応じてくれたし、お客さんたちから空の話を聞けるのも楽しかった。

そのうち、イベントコンパニオンの派遣会社に登録した。化粧の仕方もろくに知らなかった私には、綺麗《きれい》で怖いお姉さんたちの世界は、大きなカルチャーショックだった。合宿の合間にイベント、キャンペーンなどをこなす。

でも三回生、四回生になると、一週間の合宿だけでなく、遠征や大会など一〇日間、二週間と留守にすることも多くなってきた。ますます短期間で高収入を、と考えた私は、北《きた》新地《しんち》のクラブで働くようになった。

最初に座った席のお客さんが弁護士だったのは、今考えると笑っちゃうけど、運命的だった。大学は文学部だったし（というより気分は「航空部」だった）、まさかそのときは、自分が弁護士になるなんて思ってもみなかった。たぶん店側も、学歴のある私をそういう席に付けるように配慮してたんだと思う。その後も、弁護士の席にはよく付いた。裁判官・検察官・弁護士の卵である、司法修習生を連れてきていることもあった（私も後に、司法修習生になるんだけど）。

ホステスというと、眉《まゆ》をひそめる人もいるかもしれない。でも私は今でも、ある意味世界で一番難しい職業なんじゃないかと思っている。政治や経済についても話題について行けるよう、ある程度は知っておかないといけない。引出しは多い方がいい。何より、人を見る目。瞬時に、目の前の人が望んでいること、懐《ふところ》にスッと入り込めるアプローチの方法を見抜かないといけない。しかも期待通り過ぎるのもダメで、意外性というか、心地よい裏切りも必要。だから売れっ子のホステスさんは本当に尊敬に値する。少なくとも私には、ムリ、絶対無理、だった。

ホステスは、途中で辞めたり店を変わったりしながら足かけ五年近くやったけれど、「人間」というものを表からも裏からも、深く見る目を与えてくれた。

□

そうこうしながら、体育会航空部は四回生で引退を迎えた。東海・関西地区の大会で団体優勝し、オーストラリアでの強化合宿にも行かせてもらった。全国大会では優勝争いに絡《から》んだものの、最終日前に打った大博打《おおばくち》に外れ、涙をのんだ。

そうして、しばらくは空を見るのも辛い日々の中、「操縦教育証明」――飛行機の操縦を教える教官になるための国家資格を受験した。グライダーにかまけて単位を取れていなかったから、一年留年した、五回生の夏のことだった。そこで、当時の運輸省（現国土交

通省）航空局の試験官から、思いがけない言葉を頂いたのだ。「エアラインのパイロットになる気はないですか？」

当時の日本では、エアラインのパイロットに女性は三名しかいなかった。全員副操縦士で、「航空大学校」出身だった。パイロットになるルートは大きく分けて二つある。一つは、運輸省が主管する唯一の操縦教育の訓練校である航空大学校に入学し、ある程度の資格を取ってからエアラインに就職するルート。もう一つが、大卒で航空会社にパイロットとして新規採用され、給料をもらいながら、一から教育を受けて資格を取っていく「自社養成」である。パイロットを育てるには莫大《ばくだい》なお金がかかる。当時、自社養成で入った女性パイロットはいなかったし、たぶん今でもいないんじゃないかと思う。

その自社養成ルートに挑戦してみないか、と試験官が言うのだ。実際に、すべての航空会社のパイロットを試験し、副操縦士から機長への昇格や、各ルートのフライトチェックをおこなう航空局の試験官が推薦してくれるというのだから、これほど強いものはない。

冬から始まる採用試験は、大学三回生を前提にしたものだから、そのためにもう一年留年もした。握力を付けるためにスポーツジムに通って筋トレをしたり、視力回復トレーニング、英会話など、やれることはした。試験は順調に進んだ……はずだった。

でも、まさかの途中敗退。要因はいろいろあるが、ここには書けない。とにかく、呆然《ぼうぜん》とした。六回生の夏には航空大学校も受けたが、身体検査で不合格。目の検査だけでも二〇種類くらいある身体検査だから、どの項目で引っかかったのかはわからない。

自分の人生が、終わった……と思った。「そんなに空ばかり飛んでどうするの、就職は？」親からも言われ続けた四年間の航空部生活が、エアラインのパイロットという道を指し示されたことで、無駄ではなかった、すべて繋《つな》がった、と感じた。この道しかない、そう確信した。それが、あっけなく幻《まぼろし》になったのだ。

□

それから、六年かかった大学を卒業し、一年半のフリーター生活を終えて司法試験の勉強を始めるまでの約二年間、私は無明《むみょう》の闇《やみ》の底にいた。カエルの卵みたいに、半透明の膜に包まれていた。ニュースを見ても、外界のできごとは膜に遮断《しゃだん》されて、何も私の中に入っては来ない。心を動かされることもなかった。

生きるために、ナレーターコンパニオンと、ホステスの仕事は続けていた。深夜のテレビショッピングで、ダイエットにいいというコーヒーを売ったりもした（最後のオンエアのときには、ハイヒールモモコさんとリンゴさんが、「金杉さんは、司法試験の勉強を始めるそうなので、出演は今日が最後です！」と言ってた。合格しなかったら、恥ずかしかっただろう……）。最後の半年弱は、ふとした縁があって、宅配専門のカレー屋さんを始めたりもした。

こんなこと続けてて何になるんだ。自分を変えたい、こんな生きてるか死んでるかわからないような生活じゃなくて、本当のギリギリのところに行って、生きてるって感じたい。自衛隊に入ろうか、そんでフランスの傭兵《ようへい》部隊に入ろうか。そんなアホみたいなことも考えた。

本当に恥ずかしい話だけれど、選挙には一度も行かなかった。自分には関係のないことだと思っていた。それどころか、いっそのこと戦争が起こればいいのに、とさえ思っていた。「高気圧の後面《こうめん》」みたいに、べったりと青空が張り付いて上から重たい空気に押さえつけられて、上昇気流の渦《うず》一つ起きそうにない、今の社会が嫌だった。低気圧がやってきて、雨が降って、空気が一新されるみたいに、上下を引っ繰り返して全部リセットして欲しかったのだ。

沈滞した、鬱屈《うっくつ》した自分の現状が、社会のせいだと思っていた。あるいは思いたかったのかもしれない。ボーッと国会中継を見てて、威勢のいいことを言う政治家がいると、何か変えてくれそうで、そうだ、やれ、と思った。当時維新の党があったら、そのときの私なら投票していたと思う。

当時はまだ、今ほど明文改憲は取りざたされていなかったが、もしそのときの私が今この情勢の中にいたら、この停滞した社会は七〇年間変わらない憲法のせいだ、変えなきゃ、って本気で信じただろう。

■憲法を学ぶ、世界が変わる

そんな私が変わったのは、憲法を学んだからだった。

カレー屋さんに半年弱関わった後、もうやめだ、と思った。カレー屋が駄目なわけじゃないけれど、中途半端な覚悟と姿勢で仕事をすることに耐えられなかった。ちょうど、コンパニオン時代に一緒にドイツに行った同い年の友人が、試験を受けて外国の航空会社のキャビンアテンダントになったと聞いて、私もこのままじゃいけない、と刺激を受けたこともある。

カレー屋を辞めて、教官として後輩の学生にグライダーを教えに行ったとき、教官同士の夜の飲み会で、弁理士になった大学の先輩教官と話をした。工学部出身だった先輩が、社会人をしながら七年間勉強をして、弁理士資格を取った話になった。ふと思いついて、「法律家か……私、弁護士とか、どうですかね？」と聞いてみた。「おっ、いいと思うよ、向いてるんじゃない？」

何かが、繋がった気がした。自分が夜の北新地で会ってきた弁護士たち。疎《うと》み、怖がりながらも、どうしても『人間』に興味が向き、人間と関わっていたいと思う自分。怠惰《たいだ》だけれども、同じ所にいたくなくて、成長をしていたいと思う自分。だとすれば、強制的に成長し続けなければならない環境に、自分を置けばいい。そして、これまで社会と断絶し、コミットしてこなかった反動か、社会と関わる仕事がしたい、そんな思いもあった。

弁護士。いいかもしれない。合宿から帰ってすぐに、司法試験の勉強をしている他大学

格コースを受講していた……。

いる、伊藤真《まこと》先生が一番だ、と言った。その一週間後には、私は「伊藤塾」の一年半合

の航空部同期に連絡をとった。彼は、司法試験をやるなら、受験界のカリスマと言われて

□

とても長くなってしまいましたが、これが、無知だった私が「憲法」のレンズを通して社会を見るようになるまでのお話です。この二年後に、司法試験の最終合格通知を手にし、一年半の司法修習の後に、弁護士となります。でも、私の目からウロコを落としたのは、本当に、受験時代の伊藤真先生の講義、特に憲法のお話でした。

こんな経験を持つ私だから、政治に何の興味もない、社会には不満がある、憲法のせいだと思いたい、日本に誇りを持ちたい、そんな気持ちも少しはわかります。でもだからこそ、それこそ「奴ら」の思うつぼで、それは危険なことなんだ、と気づいて欲しい。

次章では、私が学んだ「憲法ってそういうことだったんだ！」というオドロキを、お話ししたいと思います。

# 第2章　憲法って、なんだろう？

## ■憲法と法律、どう違うの？

「憲法と法律って、どう違うと思いますか？」今でも、憲法の勉強会などでお話しさせてもらうときに、かならず最初に問いかけます。わかってる人は「知ってるよ！」って話なんだけど、私はそれさえ知らなかったから。

何となく、「憲法は法律より上」ってイメージはありますよね。憲法は国の基本となるもの、とか。憲法は大きな、基本的なことを決めて、法律はもっと細かいことを決めてる、とか。実は私も、そんなイメージを持ってました。

でもそれだと、聖徳太子《しょうとくたいし》の「十七条憲法」と変わんないんですよね。人間はその血を流しながら、たたかいながら、試行錯誤のうちに、「人権」っていう考え方を進化させてきた。それと一緒に、「憲法」の意味も、どんどん進化してきた。

今、私たちが到達している「憲法」は、「十七条憲法」とは全然違う。明治憲法とも違う。そもそも、「法律」とは、全然、根本から違うんですよね。つまり、向いている方向、ベクトルが、一八〇度違う。

法律で縛られてるのは、誰ですか？　そう、私たちみんなです。国民（という言い方は好きではないのですが、憲法ではそういう用語を使っていますので、この本で言う「国民」は、日本国籍を持っている人、という意味ではなく、広く「市民」と考えてください）です。

もちろん、法律の中には私たちを守っているルールもあります。殺人罪が刑法で定められていることによって、ある程度は私たちも殺されなくて済んでいるのかもしれない。「消費者契約法」で、要件を満たさない取引をすると、取消ができたり、無効になったりして、騙《だま》された、って場合にも助かることがある。

でもこれって、反対から見ると、人を殺したら罰せられる、ってことで、殺人者は縛られてるわけですよね。せっかく買ってもらったのに、ルール違反だと契約解除されてお金をもらえない売り手の側も、消費者契約法っていう法律に縛られている。

憲法は違う。憲法は、私たち国民を縛るものじゃない。

私たちを縛る、法律を作るのは誰ですか？　国会議員ですよね。条例だったら、地方議

## 憲法と法律の違い

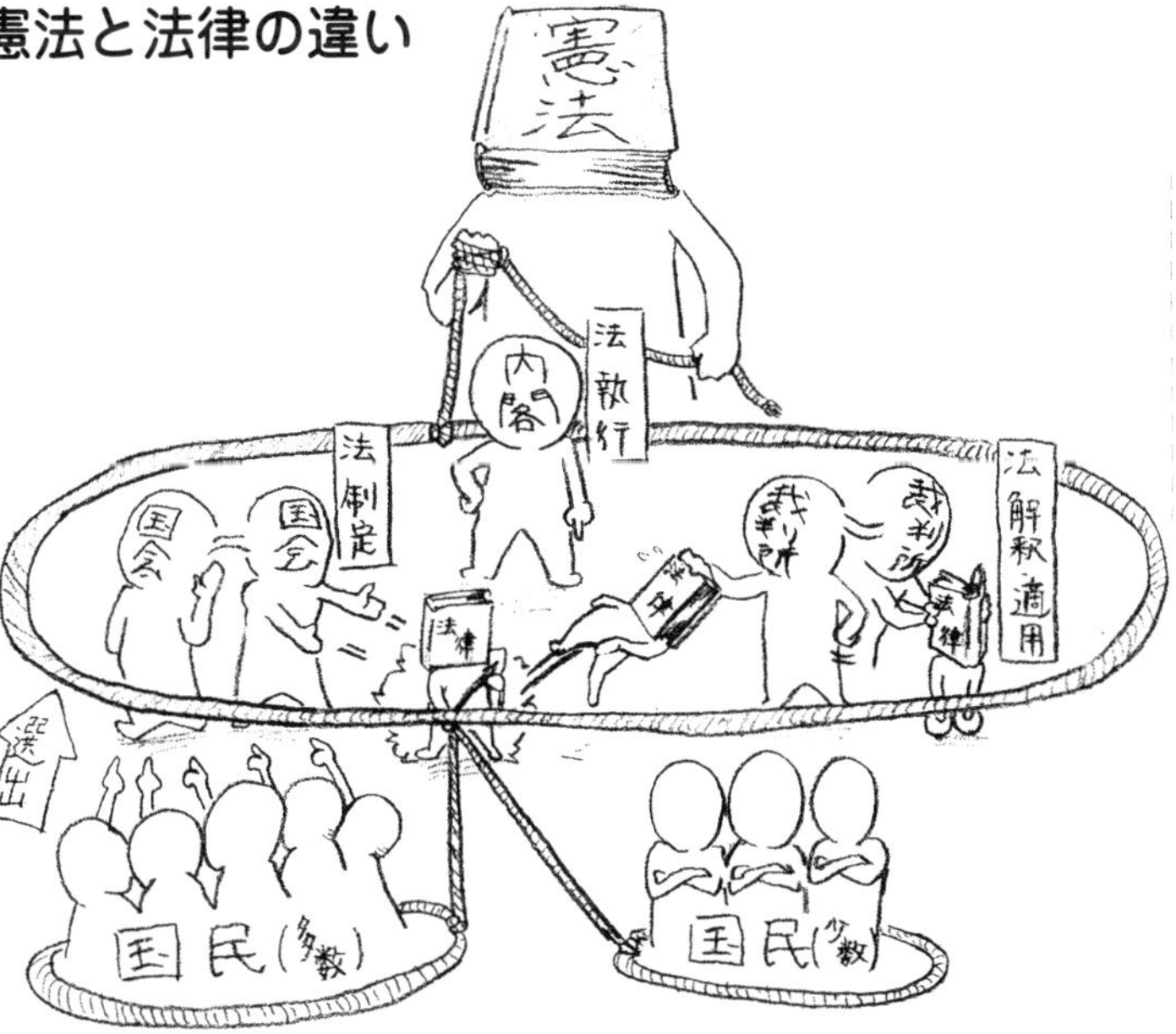


会の議員さん。私たちは、自分たちを縛るルールを作る人を、自分たち自身で選挙で選んでるわけです。その作られた法律に従って、それを実際に運用（＝執行）するのが、行政。国だったら内閣、地方だったら市役所とか、町役場とかの人たちですね。それで、争いが起こったら、裁判所が法律の解釈・適用をして裁く。

　憲法は、ここを縛ってるんです。法律を作ったり、執行したり、解釈・適用したり、つまり、集まってきた国の権力それ自体を、そしてそれを使う人たちを、縛ってるんですよね。

□ ここでちょっと、中学校の生徒会を思い浮かべてください。まだ新設の学校で校則がなく、生徒会で自主的に校則を作るとします。みんなであぁだこうだ言って、一から校則を作るのは大変だから、選挙で選んだ代表者に叩き台を作ってもらって、それを最後に生徒総会にかけて、三分の二以上の生徒が賛成したら、承認されたことにしよう、と考える。学級代表を選び、生徒会長の選挙をやる。生徒会長は、それぞれこんな校則を作りたい、という公約を掲げる。選ばれた生徒会長は、その公約に沿って、学級代表とも話し合って校則の原案をまとめ、生徒総会に提案しました。そして生徒総会で、三分の二以上が賛成し、校則として成立した。……こんな場合だと、生徒を縛る校則を最終的に承認する力を持ってるのは生徒自身です。多数による、少数者の制限、という問題は残りますが、少なくともルールを決定する力は、生徒一人一人に委《ゆだ》ねられている。

でも、当たり前ですが、国は生徒会じゃない。一回の国会で新しく作られたり、改正（改悪のときもありますが……）されたりする法律は、数十、一〇〇以上にも及ぶ。一億二〇〇〇万人以上の国民が（あるいは、一億人以上の有権者が）いちいち国民総会にかけて、それを承認したりすることはとてもできない。法律を実際に運用する行政の機関だって、複雑多岐にわたりますから、すべてを常時コントロールすることは難しい。

だから、私たち一人一人が持ってる力を預けて、お任せするわけです。あんたたち、私らの代わりに法律作って、運用して、裁いてね、と。それでも無条件に任せるわけにはいかない。権力って集まると、どんどん膨《ふく》れ上がって、好き放題しがちだってことは、過去の歴史から学んでいるから。そこで、「基本的にはあんたたちに任せる。だけどね、この範囲だけは最低限守ってくださいよ、この範囲以上にね、私たちを締め付けちゃいけませんよ。」って、私たちが、預けた権力に鎖《くさり》かけて縛ったのが、憲法なんですね。

昔、「憲法には国民の権利ばっかり書いてあって、義務についてはほとんど書いてない、けしからん」って怒っていた政治家さんがいますが、これは当然のことで、憲法を理解していない証拠です。だって、憲法はそもそも、国民を縛るものじゃなくて、私たち国民が、権力を、国を縛ったものですから。

そのことは、憲法にもちゃんと書いてある。九九条には、憲法尊重擁護義務というのが定められていますが、この義務を負うのは「天皇又は摂政及び国務大臣、国会議員、裁判員その他の公務員」。国民は入っていません。つまり、国民は憲法を守るんじゃなくて、これらの人たちに憲法を「守らせる」立場にあるんです。

## ■憲法の「使い方」

具体的な場合を考えてみましょう。

憲法一四条は、「平等原則」を定めています。「すべて国民は」「法の下に平等」で、「人種、信条、性別、社会的身分又は門地」によって、いかなる意味でも差別されない、ということです。その家庭内での発現として、憲法二四条は、「婚姻は、両性の合意のみに基いて成立し、夫婦が同等の権利を有することを基本として、相互の協力により、維持されなければならない。」と定めている。

ここで、仮に皆さんが、配偶者がいる共働きの女性だったとします。結婚する前は、共働きだし、家事も育児も平等に分担してやろう、と話し合う。でも、よくある話ですが、子どもが一人生まれ、二人目が生まれ……気づいたら家事・育児をしてるのは自分ばっかり。それで「おかしいんじゃない?! 憲法一四条では性別で差別されない、二四条では夫婦同等の権利で相互の協力で維持しなければならないのに、あなた憲法違反よ!!」……ということが言えるかどうか。いや、言っちゃっていいんですよ。いくらでも言ったらいい。でもそれは、憲法に書いてあるからとか、憲法を根拠にしてしか言えない、ってことじゃないんです。憲法は皆さんと配偶者という、まったくの個人同士を縛ってるものじゃない。たとえ憲法に書いてなくっても、もともと私たちは平等なんですから。

でもね、これが国に対してだと、違う。憲法二四条二項には、「法律は、個人の尊厳と両性の本質的平等に立脚して、制定されなければならない。」って書いてある。これは、男女平等になるように、そうできるように、国がちゃんとしろ、と私たちが命令してるわけですよね。だから、例えば民法で、家事育児は母親がするとか、親権者は父親に限るとか決められてたら、それは法律が憲法に違反してるんだから、おかしいと言える。もっと言えば、子どもを産んだ母親が、ちゃんと仕事に復帰して、働きながら家事育児を続けられるよう法整備をしていないのは、法律が不備なんだ、って国を責めることができる（どの程度の法整備をしていれば、憲法の命令を満たしているか、という問題は残りますが）。

それから、例えばですよ、女性の方が一般的に車の運転が下手だから、女性については公道の制限速度を男性より一律一〇キロメートル／時下げる、という法律（道路交通法とか）があったとします。女性である私が、五〇キロ制限って表示のある道路を時速五〇キロで走ってて、スピード違反で捕まった。警察官が、「一〇キロオーバーですね。」って言うわけですよ。おかしいじゃないですか、五〇キロ制限なのに。抗議すると、「いや、あなた女性ですから。あなたの制限速度はこの道路では四〇キロですから、一〇キロオーバーです。」私は納得いかないから、反則金払わない。で、罰金刑を求刑されて、おかしいから憲法違反だって争って、正式な裁判になる。裁判で私は、「女性の方が運転が下手って、誰が決めたんですか。憲法一四条で、性別による差別は禁止されてる。そんな不合理な差別をする道路交通法は、憲法一四条に違反してるから、無効です！」って主張します。どうでしょう。皆さんも、そんな法律、普通おかしいって思いますよね。で、裁判で、それが不合理な差別かどうか審理をして、そんな差別には理由がないとなれば、たくさんの人が選んだ代表者である国会議員が、国会で多数決して決めた法律であっても、憲法違反で無効になるわけです。それは、私たちが「最低限ここは守れ」って命じて任せた範囲を超えてるから。私は無事、無罪になる。

こういう場合だったら、誰でも「そんな差別、変だ。そんな法律ができるわけない！」って思いますよね。だったら、民法が、結婚できる年齢を、男性は一八歳以上、女性は一六歳以上って別々に決めてるのは、おかしくないんでしょうか。女性だけ、離婚しても半年は再婚できないって決めてるのは？　……まだまだ、憲法の目から見れば、実はおかしな法律がたくさんあるんだと思います。

## ■「立憲主義」と、「立憲的意味の憲法」

さて、こういうふうに、権力を憲法で縛って、私たち（国民）が踏みつぶされないように歯止めをかけていこう、という考え方が「立憲主義」です。そういう意味での憲法を、「立憲的意味の憲法」と言うんですね。そして今、「憲法」と言えば普通はこの意味の憲法だし、今の日本国憲法もそう。

二〇一五年四月二八日、自由民主党憲法改正推進本部が、「ほのぼの一家の『憲法改正ってなあに？』」というマンガを発表しました。憲法を学んだ立場からは、突っ込みどころ満載のこのマンガですが、ここには「憲法は国民ではなくて、国を縛るもの」なんてことは、一言も書いてありません。なぜか。自民党が目指している憲法は、そもそも「立憲的意味の憲法」じゃないし、もしかしたら明治憲法より酷《ひど》い、時代を逆行した憲法だからです。そのことは、後で詳しく見てみたいと思います。

でもね、まあ考えてみたら、それも当然だと思いませんか？　私もそうですが、誰だってみんな、自分のやってることを批判されたり、制限されたりするのは嫌なものです。仕事をしていても、あれこれ注文されたりすると、もうちょっと自由にやらせてくれよな、と思ったりする。もちろん、自由には責任が伴うものですが。

権力を持ってる人たちだって、同じじゃない？　縛られてるのは嫌だから、当然もっと自由になろうとする。国民が自分たちを縛るなんておこがましい、俺たちが守ってやってるのに、ちょっと甘い顔をするとつけあがる、生意気な、くらいに思っているかもしれません。私も弁護士になって、「先生」と呼ばれるようになると、気をつけていてもつい、自分自身が偉いような錯覚に陥《おちい》っちゃいそうなので、ちょっとわかります。もちろん、私みたいな弱い人間じゃなく、誠心誠意国民のために権力を行使しようとしている立派な政治家や官僚、裁判官の方もいらっしゃるでしょうけど、人間って弱いから、得《え》てしてそうなりがち、ということ。

そして皆さんが、権力を持っていて、でもそれを制限されていて、もっと自由にやりたいと思ったら、どうするでしょうか？　それが自分を縛っている鎖《くさり》だってことは隠して、さも、それが国民にとって悪いものであるかのようにすり替えて責め立て、鎖を緩めようとするんじゃないでしょうか。

まさに今、そういうことが起こっているんじゃないかと思います。私たちは、その甘言《かんげん》に騙《だま》されないようにしなければならない。

オオカミは戸口に忍び寄り、「赤ずきんちゃん、開けておくれ、おばあさんだよ。」と猫なで声で言う。騙されてドアを開ければ、食べられるのは私たちです。巨人が地面に横たわり、鎖で地面に縛り付けられている。巨人は優しい声で、周りにいる小人たちに言う。「この鎖をちょっと緩めてくれたら、君たちのために骨身を惜しまず働けるんだけどなあ。」騙されて鎖を解いたなら、ひとたび自由になった巨人（権力）に踏みつぶされるのは、私たち小人（国民）です。

本当に、権力を縛った鎖を緩める必要があるのか、それでいいのか、私たち一人一人が問いかけ、考える必要があると思います。一旦解き放たれれば、それを縛る術《すべ》はないに等しいのだから。

■憲法は、何のためにある？

では、憲法は何のためにあるのでしょうか。

そもそも、憲法には何が書いてあるでしょうか？　改めて聞かれると、うーん……となる。思いつくまま、挙げてみましょう。

憲法九条、ってのはよく聞くかもしれない。戦争放棄、平和主義でしょ、それくらい知ってる知ってる、と。

それから、国民主権、って声が上がりそうです。ああそうそう、天皇は象徴でしょ？　さっき出てきた平等権、ってのもありますね。選挙権も、憲法に書いてなかったっけ？「基本的人権の尊重」。そんな声が上がりました。ありましたね、そういうの。憲法の三大原則、とかって習った気がする。でも実を言うと、ぜんっぜん、学校で憲法についてきちんと教えてもらった記憶がありません。いや、例によって私が聞いてなかっただけかもしれないんだけど、やっぱり自分からやる気になって学ぶのと、全然違いますよね。

……他にはないでしょうか？　福祉事務所など、公務員の方の勉強会なんかに行くと、「生存権」って言われることがあります。憲法二五条、大事ですよね。「すべて国民は、健康で文化的な最低限度の生活を営む権利を有する。」ってね。

あと、憲法に直接は書いてないですが、三権分立、っていうのもあります。第四章国会、第五章内閣、第六章司法と分かれて規定されてて、それぞれが相互に監視したり、コントロールしたりするようになっている。

さあ、こんなものでしょうか？　もちろん、もっともっとたくさんのことが、憲法には書いてありますので、一度是非、全文を読んでみてください。

□

さて、ここで皆さんに考えていただきたいのは、じゃあイロイロ書いてある憲法だけど、この中でイチバン大事なことは、何でしょう？　ということです。

えーっ、全部大事だよ、って思われるかもしれない。そりゃ、そのとおりです。どれも大事。でも、あえて言うなら、どれでしょう。どれが一番好き、ってことでも構いません。一つだけ、選んでみてください。

……実は、この問いには、憲法的に（そんな言い方、ヘンですが）明確な「正解」があるんですね。答えは、「基本的人権の尊重」。憲法一三条です。

憲法一三条には、「すべて国民は、個人として尊重される。」と書いてあります。そして、「生命、自由及び幸福追求に対する国民の権利」は、立法その他の国政の上で、最大に尊重されなければならない、と。

つまり、憲法は、私たち一人一人のシアワセのためにある、ってことです。私たち一人一人が、みんなそれぞれてんでんバラバラで、違う一人一人が、生命が保障されて、自由で、そして幸福であることが、この憲法の「目的」なんです。そのために、立法その他の国政は、おこなわれなければならないんです。

考えてみたら、そりゃそうですよね。私たちは、みんなそれぞれ幸せになりたい。私だって、本当のこと言えば、自分や周りの大切な人さえ幸せならそれでいい、って気持ちがある。でもみんながみんな、そう思ってるわけだから、誰かはかならず我慢を強《し》いられる。

そういうのをうまく裁くために、また私たちが少しでも生き延びる可能性を高くするために、個人が寄り集まって、国っていう制度ができてきた。本当は私たちは、そのために、「国」に「頼むよ、任せたよ。私たちそれぞれが最大限幸せになるように、うまく力を使っておくれよ。」と、力を預けたはずなんです。

でも、人間は弱いから、力を持たされたら、つい暴走してしまう。自分さえ良ければ、と思う。だから、権力を持った人が、暴走して自分のために力を使わないよう、みんなの幸せという目的のためだけに力を使うよう、縛りをかけたのが憲法なんですから。

私たちの自由や権利が、一番踏みにじられるのはどんな時でしょう？　それは、戦争。第二次世界大戦で、日本の国民は、戦争になったら一番大事にされるのは「国」や「体制」それ自体を守ることなんだと、気づいた。「お腹《なか》すいた」って思ってても、「欲しがりません、勝つまでは」とか言わされて、私たち国民一人一人の権利なんてものは、とてもとても軽くなってしまうってことを、骨身に染みてよくわかった。そんな、最大の人権侵害の元凶を、私たちが幸福になるために封じてしまおう、というのが九条、平和主義なんです。

国民主権も、そう。誰か一人に権利が集中したら（戦前の明治憲法は、天皇が国政の上でほぼすべての権限を有していました）、その人のいいように法律が定められ、国民の権利が踏みにじられてしまう。だから、自分たちを縛るルールである法律は、自分たち自身が（その代表が）決めて、ルールを決めた人も含めて、みんながそれに縛られることにしよう。そうやって、私たちが好き勝手に踏みにじられないようにしたのが、国民主権です。

三権分立も、権力が一つに集中したら、暴走しがちだから、三つに分けて、それぞれが互いに監視したり、コントロールするようにした。それによって、私たちが踏みにじられないようにしている。

つまり、私たちが生きて、自由で、幸福であることこそが憲法の目的で、平和主義や、国民主権や、三権分立は、そのために、なくてはならない「手段」だったんですね。

## ■「公共の福祉」って？

私は、これを学んだとき、鳥肌がたちました。そうか！　そうだったんだ!!　って。これまで誰も、そんなこと教えてくれなかった（学校の先生、授業で教えてくれてたら、ごめんなさい）。

でも、ここで一つ、疑問がわきます。みんなが幸せになるのが憲法の目的だとしても、全員が全員、おんなじように幸せになるわけにいかないんじゃないか、と。

例えば、私は実際にはタバコを吸いませんが、仮にタバコが大好きだったとします。タバコさえあればご飯がいらないくらいで、一日二箱は吸う、ヘビースモーカー。でも、最近は税金が上がってタバコも高くなったし、何より、公共スペースで歩きタバコをしたら、過料を払わせられる、なんて条例ができてきた。これって、いつでもどこでもタバコを吸いたいっていう私の権利が制限されてるんじゃない？　私の幸福のためにはタバコが必要で、憲法一三条では私の幸福追求の権利は最大限の尊重が必要、とされてるのに、おかしい！　歩きタバコ禁止条例は、憲法一三条違反だ！

……こんな私の主張に対して、皆さんはどう思われますか？　正しい主張だ、と思われます？　……思いませんよね？

なぜでしょう。それは、私の周りを歩いてる他の人が、私にタバコを吸われたら、迷惑だからですよね。服が焦《こ》げるかもしれないし、受動喫煙でガンになる確率が上がるかもしれない。つまり、私が人の多い路上で歩きながらタバコを吸うことは、吸われたくない周りの人の権利を侵害しているわけです。だから、条例で規制して、周りのたくさんの人の権利の方を守っているのです。

これが、憲法一三条に書かれている、「公共の福祉に反しない限り」、最大限尊重される、という意味です。

公共の福祉
＝他人の権利と衝突しない限り
縛られることはない!!

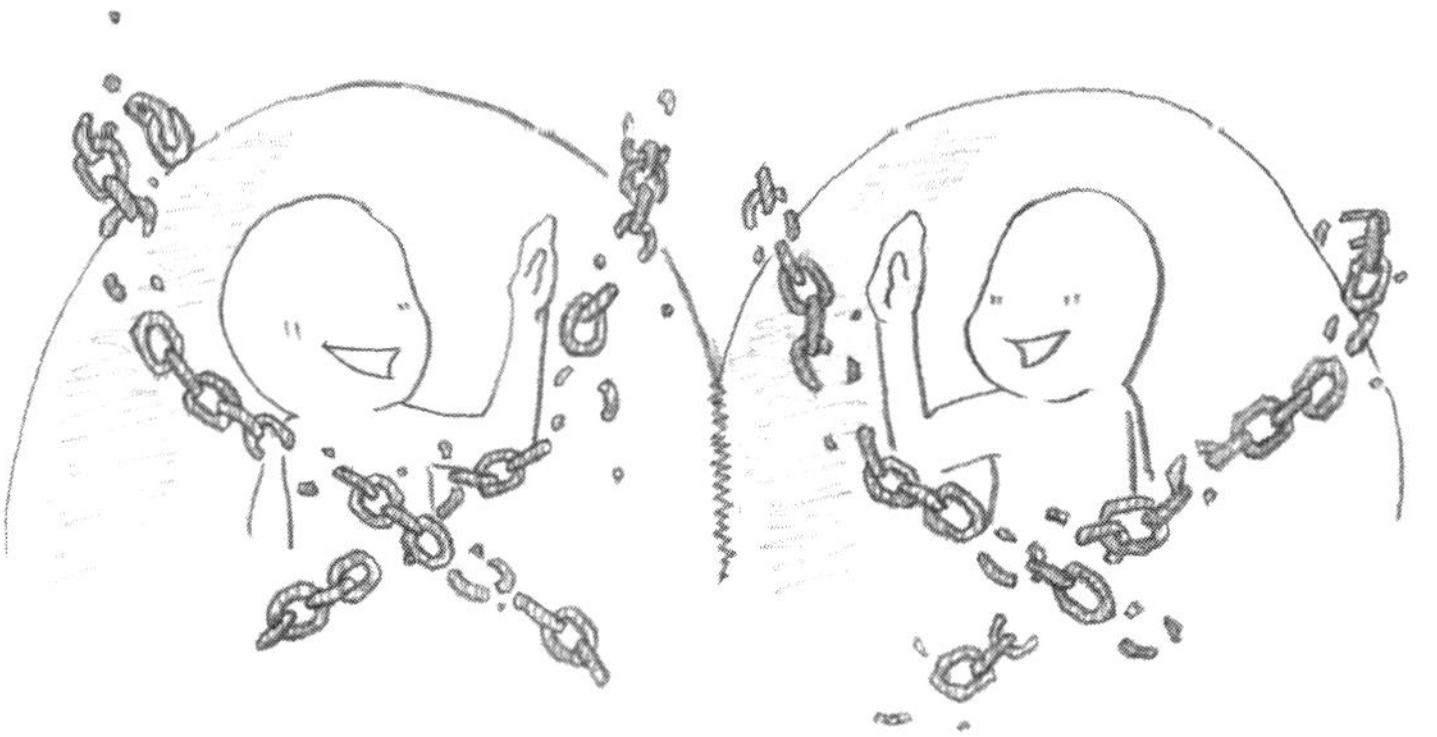

この「公共の福祉」というのは、とても大切な言葉です。これは言い換えれば、「他の人の権利を侵害しない限り」ということ。つまり、私たち一人一人が持っている、生きて、自由で、幸福になりたいという権利は、生まれたときから私たちが当たり前に持っている大切なもの。天皇とか、国とか、誰かから「この範囲なら自由だよ」と与えられたものでも、訳のわからない「こうしなさい」なんて押しつけで制限されて良いものでもない。私たちと同じように大切にされる、誰か他の人の権利

によってしか、制限できない、ということなんです。

これも、目からウロコでした。そうか、そうですよね！　私も大事だけど、私と同じように、あなたも大事なんだ。だから、それぞれの権利がぶつかりあったときには、どちらかを押さえなきゃならない。そんな当たり前のことに、意外と気づいていなかった。

□

なぜこんな当たり前に思えることを、くどくどと書いてるかと言うと、明治憲法では、それが当たり前じゃなかったんですね。私たち国民の権利は、天皇の「臣民《しんみん》」としての権利であって、天皇から与えられたものとされていた。「法律の留保」と言って、「法律ニ定メタル場合」とか、「法律ノ範囲内」でしか、権利が認められていなかった。だから、法律を変えれば、簡単に権利が制限されてしまうわけです。というか、法律の中にしか、臣民の権利はなかった。

そして今、自民党が提案している新しい憲法（二〇一二年四月に公表された、「日本国憲法改正草案」）の一三条では、この大切な、「公共の福祉に反しない限り」という言葉が、「公益及び公の秩序に反しない限り」に置き換えられている。自民党は、そのQ＆Aの中で、「『公共の福祉』という言葉はわかりにくいので、わかりやすい言葉に変えました」と説明しています。それから、前述のマンガでは、登場人物のひいおじいちゃんが、公共の福祉とは「公益。つまりはみんなの利益ってことじゃ」（うおっほん）と偉そうに断言している。でも、これまったくの騙しテクニック。

これまで憲法についての研究・理論の積み重ねが進む中で、「人権と人権が衝突したときに、それを調節する原理」とされてきた「公共の福祉」という言葉を、「公益及び公の秩序」という曖昧《あいまい》な概念に置き換えようとする試み。これは、明治憲法のように、「この範囲でしか自由じゃないからね」と、私たちの権利に最初から枠をはめて、押さえつけようとしているとしか思えません。だって、そうじゃないなら、この言葉を変える必要はないんですから。そのことを裏づけるように、自民党のQ&Aには、はっきり書いてあります。「憲法によって保障される基本的人権の制約は、人権相互の衝突の場合に限られるものではないことを明らかにしたいものです。」と。

## ■私たちは、もっと胸を張っていい

これまで、憲法って何だろう、ということを、詳しくお話ししてきました。

まとめると、憲法は、性別も、出身県も、育った環境も、考え方もみんな違う、私たち一人一人が、それぞれ幸せになるために、国や権力者に向かって、「こうしなさいよ！」

と縛りをかけた鎖だ、ということ。

昔、私は学校の先生って無条件で偉いもんだ、と思っていたし、もしかしたら、皆さんの中にも、何となく、政治家や大臣とかって偉いもんなんだ、という意識を持ってる人がいるかもしれない。でも、政治家だって、私たちと同じ人間で、ただ私たちは、効率をよくするために、一時的に力を預けて運用してもらってるだけなんです。本当に力を持ってるのは、私たち一人一人なんです。

だから私たちは、もう少し、胸を張っていい。

もし、国のせいで、私たちが幸せになれないことがあったとしたら（「彼女が欲しいのに、できないから不幸せ。何とかして！」なんてのはダメですよ。それは個人と個人のモンダイですから）、憲法に書いてあるんだから、何とかしろ！　と声を上げていいんです。

憲法と現実にギャップがあって、現実が全然理想通りじゃないとしても、それは憲法のせいじゃない。ともすれば、憲法という縛りを無視して、自分たちや、力やお金を持ってる一部の人たちの方だけを向いて権力を使おうとする、国の方が悪いんだ。だから、私たちはいつでも、憲法を使って、「あんたたちは私たちに縛られてるんですよ、ちゃんとしなさい、私たちの幸せのために力を使いなさい！」って、声を上げ続けていかなければならない。

それこそが、「憲法」という素晴らしい人類の英知を託された私たちが、これを子どもたちに引き継いでいくために、大切なことなんだと思います。

□

次章では、この憲法を、これまで先人たちがどんなふうに使ってきたか。それによって、社会がどんなふうに変わってきたか。また、「憲法」の窓から見える社会のいろいろな風景を見ていきましょう。

# 第3章　「憲法」の窓から見える風景

## 1　家庭と憲法

### ■親の命は他人より重い？

一九九五（平成七）年に改正されるまで、刑法には普通の殺人罪（一九九条）とは別に、「尊属《そんぞく》殺人罪」（二〇〇条）という規定があったこと、ご存知ですか？　と言っても、私も司法試験受験時代に初めて知ったんですけど。

当時、殺人罪の法定刑（法律で決められた刑罰）は死刑、無期懲役のほかに、三年以上（今は五年以上に引き上げられていますが）の有期懲役もあった。でも、「尊属殺人罪」には死刑と無期懲役しかなく、普通の殺人罪より、ずっと重い法定刑が決められてたんですね。「尊属」というのは、この場合、自分や配偶者の両親、祖父母などです。つまり、親や祖父母を殺したら、普通の殺人罪よりずっと重く処罰されたわけです。

実父から長年性的虐待を加えられていた女性が、堪《た》えかねて実父を殺害した事件で、一九七三（昭和四八）年、最高裁は、この特に重く法定刑が定められている尊属殺人罪は、法の下の平等を定めた憲法一四条に反している、と判断しました。それで、その女性は普通の殺人罪で裁かれることになったんですね。

考えてみれば、親だろうが、他人だろうが、殺した人の命の重みは同じなはずで、特に親や祖父母を殺した場合だけを重く処罰するのは、確かに平等ではない。それからは、法律には残りましたが、尊属殺人の規定は使われなくなった。そして、一九九五（平成七）年の刑法改正のときに、条文自体が削除されました。

これも、憲法一四条で私たちが「すべて人は平等に扱え」と命令したのに、それに反した法律があったのを、憲法を使って正してきた一つの例です。

日本国憲法が制定されたのに合わせて、一九四七（昭和二二）年に刑法も改正されて、大逆罪とか不敬罪とか、皇室を特別扱いする規定は削除された。でも、こういう戦前の「家制度」的な、親とか祖父母とか「尊属」を敬わなければならない、という考え方を前提とする規定は残っていたんですね。

■結婚していない親の子は、結婚している親の子より劣る？

「親や祖父母は特別」な刑法の規定は、一九七三（昭和四八）年で実質的に姿を消しましたが、家制度の名残の不平等は、まだまだ残っていた。民法九〇〇条四号ただし書、婚外子の相続分差別の規定もその一つです。

相続の仕方については、相続人が話し合いで納得すればどんな分け方でもできますが（遺言がない場合）、基準として、どんなふうに分けるかを民法で定めています。亡くなった人に子がいれば、子はかならず相続人になりますが、子が何人かいたら、その相続分は同じ。当たり前ですよね、平等だから。ところが、民法九〇〇条四号では、「ただし、嫡《ちゃく》出《しゅっ》でない子の相続分は、嫡出である子の相続分の二分の一」とする、と定めていたんです。

「嫡出子」というのは、簡単に言えば、両親が結婚している子です。「嫡出でない子」、「非嫡出子」は、母親が結婚をせずに産んだ子。一般には、「婚外子」と言います。

戦前の家制度では、「戸主《こしゅ》」が家《イエ》の長として、家族を統率していました。戸主はすべての財産の権利を持っているし、家族が結婚したり、養子縁組したりするときも、すべて戸主の同意が必要だった。家族がどこに住むかも、戸主が指定できた。戸主が亡くなると、次の戸主が家督《かとく》を相続して、全部の財産を受け継ぐわけです。このとき、新しく戸主になる人は、亡くなる前に旧戸主が指定していればその人になりますが、指定しなかったときは、法律（旧民法）で優先権が決められていました。まず、女より男優先、嫡出子と非嫡出子がいるときは嫡出子優先、年上優先。嫡出子が女しかいないときは、非嫡出子でも男子が優先だったんですね。女性には相続権がなく、原則、家督は男が継《つ》ぐものだった。

だから、正妻との間に子が生まれない、あるいは生まれても女子ばっかり、というときに、正妻以外に、結婚していない妻、いわゆる妾《めかけ》を持ち、何とか男子を生ませようとする、ということもあったのです。そして、結婚していない妻との間に生まれた非嫡出子である男子が家督を相続すると、子を産めなかった、あるいは女子しか産めなかった旧戸主の妻は、新戸主となった妾の子に従うしかなかった。

今の感覚で言うと、そんなのおかしいと思いませんか？

GHQの憲法草案制定会議のメンバーとして、日本国憲法の起草に関わった米国人の女性で、ベアテ・シロタ・ゴードンさんという人がいました。ベアテさんは、日本で少女時代を過ごし、日本の女性たちが、結婚しているにしろ、していないにしろ、こうした家制度のもとで苦しんできたことをよく知っていた。だから、女性の権利を保障するための条項案を、たくさん出したんですね。その大半は削除されちゃったんですが、性別による差別を明確に禁じた憲法一四条、そしてさらに、家族における両性の平等を特に定めた憲法二四条は、活《い》かされた。憲法二四条一項が、「婚姻は、両性の合意のみに基づいて成立」するとしているのは、今でこそ当たり前に思いますが、戦前は戸主が許さなければ結婚できなかったんです。

一九四七（昭和二二）年、民法は日本国憲法に沿う形に全面改正されましたが、改正作業の時間が足りず、不徹底なまま成立。衆議院では、「本法は可及的速《すみ》やかに、将来において更に改正する必要があることを認める。」という附帯《ふたい》決議が付けられたくらいです。そのとき、民法九〇〇条四号ただし書は残ってしまった。それからずっと、この規定に従って、婚外子は嫡出子の二分の一しか親の相続を受けられない、という運用がされてきたんですね。

婚外子は、何も父親がいわゆる浮気をして、妻以外の女性との間に子を作って認知した、という場合ばかりではありません。私の友人の弁護士同士のカップルでもいますが、いろいろな事情で、法律婚ではなく、婚姻届を出さずに実質は夫婦として生活を営む「事実婚」を選ぶ人もいます。前に結婚して失敗したから、もう「結婚」という形にはこりごり。

あるいは、一人娘だから名字を変えたくないけど、相手の男性も一人っ子だし、夫婦別姓が認められないんだから事実婚にしようか……。単に、戸籍制度が気に入らないという信条の問題。どんな理由であっても、婚姻届を出さずに子が生まれて、その後も両親が結婚しなければ、婚外子になる。でも実は、相手の男性には、あるいは女性の場合もそうですが、以前に結婚歴があって、その間に嫡出子がいた。そうすると、親が亡くなって、相続が発生してみたら、後から生まれた婚外子は、先に生まれていた嫡出子の半分しか相続を受けられない、ってことが起こるわけです。

どんな子どもでも、生まれてくる親は選べません。自分が生まれたときに、親が結婚しているかどうか、子どもは自分の力で左右することができない。憲法一四条で、人はみな平等とされているのに、そんな自分ではどうしようもできない「生まれ」の問題で、相続が半分しか受けられないという差別を受けるのは、やっぱりおかしいと思いませんか？

それで、これまで何度も、遺産を分けるときに差別を受けてきた婚外子の人たちが、「そんなのおかしい！」と裁判で争ってきた。一九九五（平成七）年、最高裁は、法律婚を尊重するという立法目的に照らして、不合理な差別とは言えないとして、合憲だと判断しました。が、二〇〇三（平成一五）年の最高裁決定では、五人のうち二人の裁判官が違憲。そして、二〇一三（平成二五）年九月四日、最高裁大法廷は、民法九〇〇条四号ただし書が、憲法一四条に違反して無効だと判断したのです。全員一致でした。

これを受けて、同じ年の一二月四日、民法九〇〇条四号からただし書を削除する民法改正が実現しました。これも、おかしいと思った人たちが声を上げ続けて、勝ち取った「平等」です。

□

……ところが、この最高裁決定を受けて民法を改正するための協議に入った、自民党の法務部会の皆さんの発言が、無茶苦茶だったんですよね。

高市早苗《たかいちさなえ》議員は、最高裁決定を受けて、「とても悔しい」とおっしゃってましたが、その他にも、議員らからは「(最高裁決定は)家族否定、人間否定だ」「正妻の子と愛人の子を同等にしていいのか」「伝統的な家族観を崩壊させる」などと大ブーイングの嵐。

もっとあきれたのは、「国権の最高機関が、司法判断が出たからといって、ハイハイと従うわけにはいかない」「自民党として最高裁の判断はおかしいというメッセージを発するべきではないか」「司法の暴走だ」といった、最高裁判所の決定をないがしろにするかのような発言の数々です。

国会議員の方々が、個人として、伝統的な家族観を大事にしたい、と思われるのは構いません。どんな思想信条を持つかは、国会議員だって人間である以上、自由だから。でも、憲法の視点で重要なのは、虐《しいた》げられる人の目線に立つ、ってことです。

確かに、国会は国権の最高機関、とされています。それは、大臣や裁判官と違い、国会議員は国民が直接選挙をして、自分たちの代表として選んだ人たちだから。

でも、国民の多数が支持して選んだ国会議員なり、政党なりが、多数決で、法律婚の制度を守るために、法律婚をしてない両親の子は差別する、という法律を認めたとしても、それに驕《おご》っちゃいけないんですよね。その陰で、多数に入れられなかった少数の人たちが、法律上差別を受けている。国によって、法律によって、差別されているんです。裁判所が審理をして、いくら多数の人たちがそれを容認していたとしても、それで虐げられる人たちの人権を侵害している、憲法で縛られた範囲を超えていて許されない、と判断したら、その法律は無効になるんです。だからこそ、司法は人権の最後の砦《とりで》、と言われている。

そんな「国会＝立法府」と「裁判所＝司法」との関係という、基本的なことをまるでわかっていないかのような（わかってないんだろうな）傲慢《ごうまん》な発言の数々には、情けなくなってしまいます。まあ、私も憲法を学ぶまでは考えたこともなかったから、偉そうなことは言えないかもしれないけれど。

## ■夫婦別姓は家族を崩壊させる？

民法の規定で憲法違反だとされたのは、九〇〇条四号ただし書が初めてでした。でも、他にも憲法違反じゃない？　と言われている規定はたくさんあります。

前にも触れた、結婚できる年齢の男女差（民法七三一条）、女性だけ離婚後六か月間は再婚できないとする規定（民法七三三条）、婚姻届を出すときに、夫の姓か妻の姓、どちらかを選ばないといけない夫婦同氏の原則（民法七五〇条）……。

このうち、女性の再婚禁止期間六か月と、夫婦同氏の原則については、新しい動きがありました。二〇一五（平成二七）年二月一八日、原告が国に敗訴して最高裁判所に上告していた、この二つの裁判について、大法廷で審理されることがわかったのです。憲法に違反するかどうかの判断や、これまでの判例が変更されるときには、最高裁判所の一五名の裁判官全員が関わる大法廷で審理されます。だから、この二つについても、少なくとも何らかの憲法判断がされるはず。ということで、私たち弁護士は今、固唾《かたず》を飲んで審理の行方を見守っています。

特に夫婦別姓は、何とかして欲しいなあ……。実は、私自身も最近離婚したので、しみじみ夫婦別姓の必要性を痛感してるんですよね。

私は一人娘だったので、私が夫の氏を名乗るとなると、当然両親は大反対！　しまいには、両親から「事実婚でいいんじゃないの」という発言まで出る始末（ビックリした）。それを押し切って夫の氏を名乗ったので、イロイロ大変でした。でも、あれから一〇年余りたって、今度は離婚。通称使用という方法もありましたが、やはり元の自分の名前に愛着があって、あえて戸籍上も元の名前に戻り、通称使用もせず。

だけど名前って、ホント大事ですよね。これまで一〇年、元夫の氏で弁護士をやっていて、その名前での認知度もソコソコあるのに、いちいち「元△△の、金杉です」とか説明しないといけない。裁判所にも、氏名が変わりました、って全部の事件で上申《じょうしん》を出したり、銀行口座の名前が変わってるから振込みができなかったと苦情がきたり……。何より、名前が変わったことを告げて、「ご結婚ですか？　おめでとうございます！」「いえ、離婚したんですけど……」という時のビミョーな気まずさ。いや、私は全然気にしないんですけどね、相手が気にしちゃう。

そういうことを繰り返して、小さなことでいちいち摩耗《まもう》するたびに、大声で叫びたくなりました。「そもそも何で、結婚したとか離婚したとか、いちいち国に報告して認めてもらわなあかんねん！　しかも何で名前一緒にして『結婚しました～』って社会に向かってわかるようにせなあかんねん！　何でもええやん!!（怒）」と。
こういうことって、何か、頭ではわかっていても、実際に自分が経験してみるまで、その不便さとか理不尽さとか、国からそういうことを強要されてることの腹立たしさとか、ストンと腹に落ちないんですよね。私もまだまだ、憲法的修行（？）が足りないな、と思いました。
だいたい、一九四七（昭和二二）年の民法改正の際、最初は、「夫婦は夫の氏を称する」って規定してたんですよね。これが男女平等原則に反するとGHQからクレームがつき、「夫又は妻の氏を称する」に変更した。これなら、どっちでもありだから、男女平等でしょ、というわけ。ところが（予想されたことですが）蓋《ふた》を開けてみれば、今でも法律婚する夫婦の九六％以上が、夫の氏を名乗ってるんです。夫婦別姓に対して、家族制度を崩壊させるものとして反対する意見も、その多くは男性です。「夫婦はやっぱ、一緒の姓を名乗るべきだよね。子どももかわいそうだし」とかのたまって、自分は生まれたときから同じ名前で一生を終えている世の既婚男性諸君には、「なら、あんたが変えろよな」とか言いたくなってしまいます。正直なところ。□
世界的にも、同氏や別氏を選択できたり、結婚しても氏が変わらなかったり、自分の氏

**夫婦同氏の原則――世界との比較**

**①同氏・別氏（複合氏含む）を選択可能**
…英、米、豪、ニュージーランド等（呼称の自由）
…東欧・北欧、蘭、ギリシャ等（男女平等・個人尊重）

**②氏不変（夫も妻も不変）**
…韓国、中国、カナダ、伊、スペイン、中南米（西語圏）等

**③婚氏定めるが定めない場合は自己の氏を称する**
…ドイツ、オーストリア等

**④夫は不変、妻は不変・夫の氏・妻の氏に夫の氏を付加**
…フランス、ベルギー等

**⑤夫の氏が夫妻の氏、ただし妻は自分の氏を付加できる**
…スイス

**⑥夫の氏への同氏を強制していた国**
…トルコ⇒2002年1月1日施行新民法で別姓を認める
…タイ⇒2003年憲法裁判所が男女平等違反で違憲判断
⇒2005年法律改正により選択的夫婦別姓へ

を追加して名乗ることができたりと、日本のようにどちらか一方の氏になることを強制するだけの国はほとんどありません。夫の氏になることを強制していたトルコとタイも、トルコは二〇〇二年に新民法で別姓が認められましたし、タイは二〇〇三年に憲法裁判所が違憲と判断して、二〇〇五年からは選択的夫婦別姓が認められるようになりました。

何度も言いますが、夫婦はやっぱり同じ氏にするべきだ、しかも夫の氏にするべきだ、という考え方の人がいても、そして

たとえそれが国会議員でも、その考え自体を否定するつもりはありません。どうぞ、あなたは夫の氏になってください、と思う。

でも、それを法律で決めて、他の人に強制するのは、やめにしませんか？　憲法では、あなたと同じように、私も幸せになりたい。違う考え方の人がいても、他の人の権利を侵害しない限り、その考え方のままで、幸福に生きられるようにすべきなんです。□

私の大好きな、新川和江《しんかわかずえ》さんの「わたしを束ねないで」という詩に、

わたしを名付けないで
娘という名　妻という名
重々しい母という名でしつらえた座に
坐りきりにさせないでください　わたしは風
りんごの木と
泉のありかを知っている風

という一節があります。

女性が、もちろん男性も、そして身体の性とこころの性が一致しない人も。みんなが、結婚すべき、結婚するなら異性とすべき、夫の氏を名乗るべき、女性は子を産むべきとか、たくさんの「べき」を押し付けられたりすることなく、ただ自由で、幸福であるために、自分の人生を選択していける。そんな社会になったらいいなあ、いや、していこう、と心から思います。

## 2 ― 労働組合は、なぜ要るか

### ■橋下市長VS労働組合

同じ弁護士としてお恥ずかしいなと、個人的には常々思っている橋下徹《はしもととおる》大阪市長（前にも述べたように、憲法を学ぶ前の私だったら、威勢の良さと「何か変えてくれそう」な期待で投票してるかもしれませんけど）。大阪都構想の賛否を問う住民投票で反対が賛成を上回り、政界の引退を表明していますが、果たしてどうなるかわかりません。

さて、この橋下市長、任期中一貫して、お膝元《ひざもと》の大阪市役所の労働組合と対立していました。まさに、「宿敵」といった感じです。

二〇一一（平成二三）年一二月の市長就任直後から、まず庁舎内にある労働組合の事務所を退去するよう、各組合に要求。これは、二〇一四（平成二六）年二月には、大阪府労働委員会から不当労働行為（正当な理由なく使用者が労働組合との団体交渉を拒んだり、不当な行為をすること）だと判断されました。同年九月には、大阪地裁で、橋下市長の出した組合事務所の使用不許可処分を取り消して、組合側に総額約四〇〇万円を支払うよう命じる判決が出されました。

二〇一二（平成二四）年二月には、大阪市の職員に対して、組合への加入の有無や政治活動に関するアンケート調査を実施、業務命令として回答を要求。組合側が行った救済申し立てでは、二〇一三（平成二五）年三月に大阪府労働委員会が、二〇一四（平成二六）年六月には中央労働委員会も、組合への不当な支配介入（不当労働行為）だと認定して、八月には橋下市長が組合に謝罪しています。二〇一五（平成二七）年一月には、大阪地裁が、アンケート調査は職員のプライバシーや憲法が保障する団結権を侵害したとして、橋下市長やアンケート調査に関わった弁護士に賠償金の支払いを命じました。

橋下市長は、いずれも控訴していますので、まだ訴訟の帰趨《きすう》はわかりませんが、少なくとも一審では、橋下市長（大阪市）は完敗、の状況です。

■労働組合って、面倒くさい？

さて、でも、こういういざこざは、皆さんの目にはどう映るでしょうか。「何かやってるなあ」という感じ？　あるいは、橋下市長が組合を、既得権を振りかざしている、市民の税金の無駄遣い、といったイメージで攻撃してるので、「そうだそうだ、公務員はいいかもしれないけどな、大阪は公務員天国だ」と思ってらっしゃるでしょうか。もしかしたら、そもそも組合自体めんどくせー、自分とは関係ない、とか思っているかもしれませんね。それか、職場に組合がない、あっても非正規だから入ってない、など。

私も実は、司法試験受験前は、「クミアイ」って何だか、いやーな、ネガティブなイメージを持っていました。と言っても、私自身はフリーターだったので、組合に入ったことはありません。当時付き合っていた一年先輩の彼氏が、ぶつぶつ文句を言っていたのを聞いて、そう思っていた程度。彼氏の会社は単一労組で、全員入らないといけなかったんですね。今から思えばたぶん「連合」系の組合で、組合が支持決定してる候補者が選挙に出るってんで、朝、会社の正門前に立ってみんなで挨拶して、ビラまきしないといけない。

「俺、そういうの苦手やねん。ほんま邪魔くさいわあ。」そんなことを言ってて、当時超個人主義者だった私も、そうやってみんな同じことさせられるのはかなわんなあ、組合ってヤだなあ、って思っていたんです。

でも。憲法を学んで、私みたいな考え方の労働者が増えれば、それこそ「奴《やつ》ら」はニンマリするだけ、ってことに気づきました。

会社にお勤めの方、特にパートやアルバイト等、非正規の方はよくおわかりだと思いますが、会社、すなわち使用者と、使われている側、労働者とは、立場の強さが圧倒的に違います。会社から、「一日一二時間働いてくださいね。」と言われて「そんなの嫌です！」と反対したら、「あそう、じゃあいいよ。キミ以外の従業員はほとんど、いいって言ってるからねえ。代わりに残業したいって言ってる社員もたくさんいるし、キミ、明日から会社に来なくていいからね。」なんてことがまかり通るとしたら、たまったもんじゃない。

だから、憲法では、働く時間や休日、休憩、給料のことなど、会社（使用者）が好き勝手に決められないように、最低の基準は法律で定めるからねと、わざわざ書いていますs（二七条二項）。これを受けて、労働基準法が定められた。

さらに、会社の言うことをハイハイ聞いたり、会社にとって都合のいい人だけを残す、ってことにならないように、働く人が一致団結して、会社と交渉したり、デモをしたり、場合によってはストライキをしたりと、団体で行動する権利を保障した（二八条）。一人の社員が「こんな会社辞めます！」とか「私の要求を聞いてくれないんだったら、仕事しません！」とか言っても、「あ、そう。好きにしたら。痛くもかゆくもないしね。」って言われちゃいそうですが、全員で「辞めます！」「仕事しません！」とか言われると、さすがに社長も慌てますもんね。

そんなふうに、一人一人の立場が弱いからこそ、それがわかってるからこそ、働く人がみんなで団結して対抗していい。それは働く人の権利なんだから、会社もちゃんと労働者の団結や団体での交渉とは向き合わないといけないし、団結したことを理由に辞めさせたり、不当な取扱いをしちゃいけないよ、と憲法は明言しているわけです。

これも、憲法を学んで初めて、あーそうか、と思ったことでした。「そんなん普通知ってるわ！」「二〇歳も過ぎてそんなこと知らんかったんかい！」と、同僚弁護士からは呆《あき》れられそうですが、いやホントに。

そのとき私の脳裏に思い浮かんだのは、小学校の国語の教科書（だったと思うんですが）で読んだ、「スイミー」のお話でした。知ってます？　スイミー。最近の教科書には載ってないのかな。私もうろ覚えですが、青い海に住む、小さな、真っ赤な魚たちの群れ。その中に、一匹だけ、生まれたときから真っ黒な魚（スイミー）がいた。ある日大きな魚

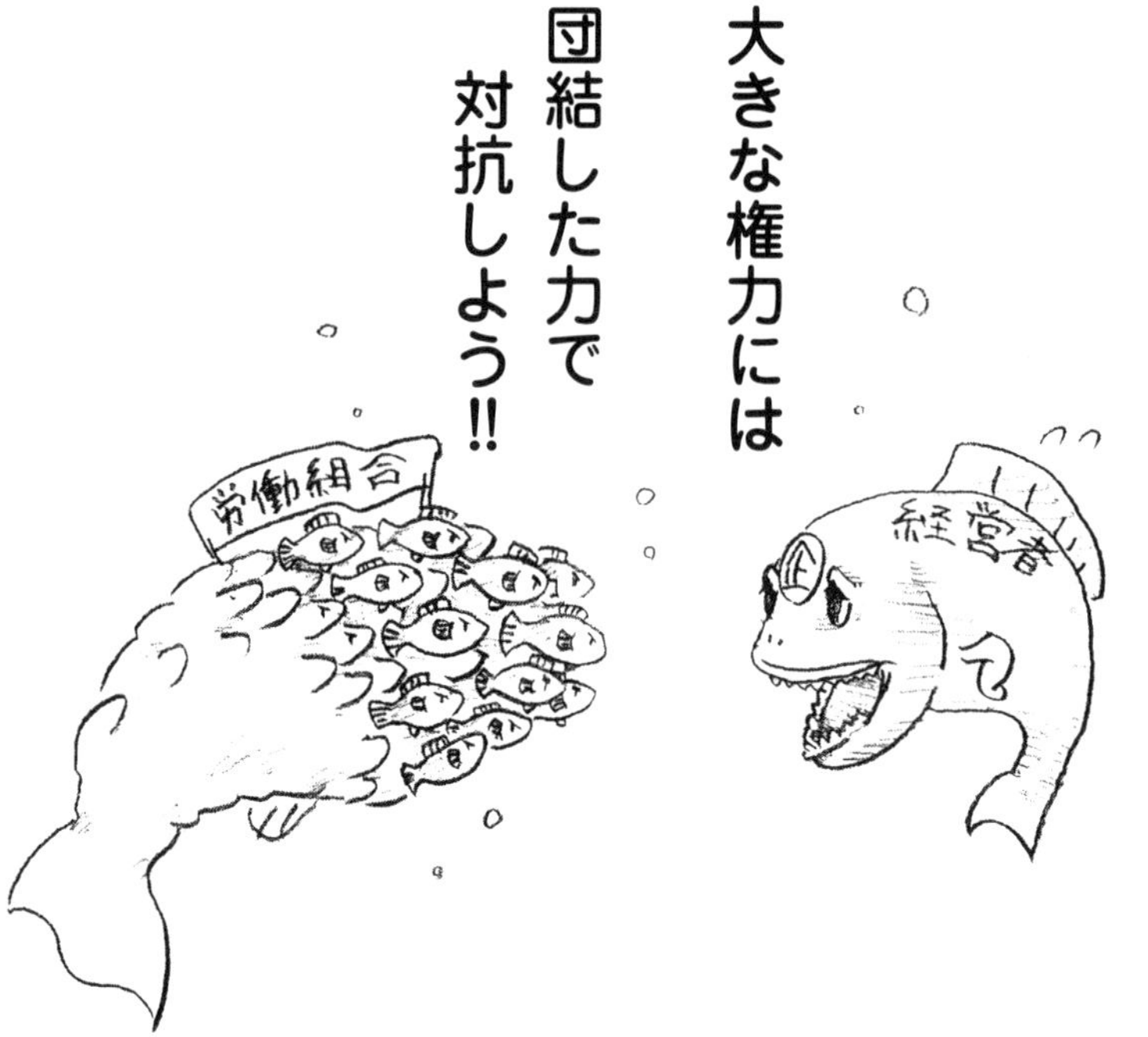
大きな権力には
団結した力で
対抗しよう!!
労働組合
経営者

におそわれて、ひとりぼっちになってしまったスイミー。新しくめぐり会った赤い小魚たちに呼びかけたんだ。みんなで、大きな魚になろう、って。小さな赤い魚たちは、呼びかけに応えてギュッと集まって泳ぎ、一匹の大きな赤い魚のようになった。その中で、一匹だけ黒いスイミーは、その大きな赤い魚の目になった。それを見て、スイミーたち小魚を食べにきた大きな魚は、ビックリして逃げていった……。そんな話だったと思います。

一匹だけ黒くて、ひとりぼっちになってしまったスイミーが、黒い「目」として団体の中で存在意義を発揮した、っていうところも大事ですが、みんなで一つの大きな魚になって、巨大な魚に立ち向かう、というのも象徴的ですよね。

団結しても、個人としての意思が押しつぶされる、ってことじゃない。一人一人の魚は、みんな違って、自由でいていい。でも巨大な魚に立ち向かうときだけは、みんなで力を合わせるのが、やっぱり大切なことなんだ。そんなイメージを持って、労働組合のことを考えると、それまでとは違って見えました。

## ■女性は職場の花？

私自身は、労働組合運動の華やかなりし時代を知りません。先輩弁護士から、昔語りとして聞く程度。でも、少なくとも、働く人たちが一致団結して、「おかしいんちゃう？」と声を上げて来たからこそ、処遇が改善され、私たちの権利が確立してきたんだ、ということは感じます。

例えば、一九七〇（昭和四五）年ころ、フジテレビの女性一般職員の定年って、何歳だったと思います？　……五〇歳？　いやいや、そんなこと聞くくらいだから相当酷《ひど》いんだろう、三五歳？　……実は、二五歳だったんですね。えーっっ?!　って感じですよね。まさに、女性は職場の花で、若くなったら必要ないからね、という考え方。私もそれを知ったとき、唖然《あぜん》としました。私が生まれるほんの少し前までは、そんな状況だったんだ、って。

　フジテレビだけが極端だったわけではなく、当時他の民放各社でも、女子社員の定年が三〇歳、というのはざらでした。結婚したら退職、という結婚退職制もあった。それを、女子だけそんな差別はおかしいじゃないか、結婚しても働きたい人だっているのにヘンだ、と、たたかってきた。組合として会社に交渉するだけじゃなく、裁判でも争った。

　憲法は、確かに国民の国に対する命令で、私人同士を縛るものではない。だから、一市民である労働者と、民間の団体である会社との紛争には、直接憲法を使えるわけじゃない。でも、憲法って、もともと権力を持ってる者を縛って一人一人の権利を守るためのもの。一人の労働者と企業のように、圧倒的に力の差があるときにも、その考え方は使えるはずですよね。だから、いくら民間企業が憲法で直接縛られる立場にないと言っても、性別で差別をしてはいけないとした憲法一四条の趣旨からして、差別的な定年制には合理的な理由はないし、公序良俗《こうじょりょうぞく》に反して許されないんだ。

　そんな考え方が裁判でも徐々に確立され、五〇歳と五五歳とか、男女間の定年年齢差が小さいものでも、差別定年制は許されないんだ、ってことになってきた。みんなが、声を上げて、憲法を使い、憲法で認められた団結権・団体交渉権を使って、差別定年制を撤廃してきたんですね。

こうした流れも受けて、一九八六（昭和六一）年に施行された男女雇用機会均等法では、定年・退職・解雇等で男女を差別的に取扱うこと自体が規制されました。

一九九九（平成一一）年の均等法改正では、募集や採用などでも男女差を設けることが禁止された。そういえば、かつて「看護師」は「看護婦」と呼ばれてましたし（私の子どもの頃、「かんごふさん」は女子のあこがれの職業でした）、「保育士」は「保母さん」、「キャビンアテンダント」は「スチュワーデス（女性）」・「スチュワード（男性）」でしたよね（覚えてます？）。

男女平等、という憲法一四条の考え方を守らせるために、労働者が大きな企業から性別によって不利益な取扱いを受けないよう、民間企業の募集、採用や退職時期等を決める自由を制限して、労働者を守る法律を作ったわけです。

ここでは男女の差別の問題を取り上げましたが、企業が解雇権を濫用《らんよう》してはならないという法理もそう。賃上げや長時間労働の抑制、残業手当など各種手当を支払わせる、セクハラやパワハラを止《や》めさせるなど、労働者が一人ではなく、組合で団結してたたかってきたからこそ、改善してきた問題がたくさんあります。

## ■煙たい存在・団結をぶっつぶすには？

でも、こうした「団結する労働者」って、会社にしてみたら、目障《めざわ》りな存在なんですよね。正社員だと保険とか退職金とか、一人雇うのにお金もかかるのに、みんな団結して対決してきたら、簡単にクビにはできないし。さて、どうするか。皆さんが経営者だったとしたら、何を考えます？

答えは簡単、労働者をバラバラにして、団結できないようにしたらいいんですね。いろんな作戦が考えられますよね。例えば、何人かこちら側につく労働者を作り、新しい組合を作らせる。それで、その組合とは仲良くして、利益を与えちゃったりする。一時金の金額を増やしたり。こっちの、会社に協力してくれる組合に入ってた方が、得だよ、って。そうすると、きっと労働者同士で、「どっちの側についたらいいんだ」って迷いが生じて、ガタガタしますよね。どっちにもつけないと考えた人たちが、新しく第三の組合を作ってくれちゃったり何かして。そうやって、組合が乱立する状態になったら、儲《もう》けもの。「何か、よくわからないし、面倒くさいし、入らんとこ」と思って、組合に入らない人も増えるでしょう。これで、会社にとって煙たい存在、「組合」は力を失います。

さらに言うと、労働者自体に格差を付けて、互いにいがみ合うようにすれば完璧ですね。簡単に使い捨てにできる派遣やパートなどの非正規労働者と、正規の労働者を作る。

今や非正規労働者は、役員を除く雇用者全体の三分の一以上を占めています（平成二六年平均で三七・四％）。特に二五～三四歳の働き盛りと言っていい人たちで、非正規の人の三分の一弱は、正社員になれないから仕方なく、非正規で働いている（平成二六年平均で二八・四％が不本意非正規）。

ところが正社員になれればそれでいいかと言うと、正規労働者は、裁量労働制が導入されて残業代がつかなかったり、サービス残業が横行していたり、長時間労働当たり前。文句を言っても、働く場所があるだけいいだろ、とか言われたりする。

私が以前に長期間裁判闘争に関わった中田労災事件では、トステム（当時）の工場に正社員として勤務していた中田さんが、二二歳の若さで亡くなった。同じラインに正社員と、派遣労働者がいて、どうしても正社員は残業を強いられる中での、突然死でした。その聴き取りの中でも、派遣社員は残業せずに帰ったり、「あの人らはハケンだから」と正社員はあきらめたりと、立場の違いで共同できない状況が浮き彫りになっていました。

二〇一五年の第一八九回通常国会では、永続派遣を可能にする労働者派遣法の「改正」法案、過労死を激増させ、残業代をゼロにする労働基準法「改正」法案が提出され、審議されています。もともと専門的な業務に限って認められていた派遣が、一九九九年には原則自由化（禁止業務のみ指定されるネガティブリストに）し、二〇〇四年には製造業務への派遣も解禁された。二〇〇八年のリーマンショックもあって、ワーキングプアの存在が社会問題化したことを受け、二〇一二年一〇月には日雇い派遣の原則禁止、専ら派遣の規制強化など、一旦規制が強化された。今回の「改正」は、これを元の水準に戻すどころか、さらに雇用破壊を決定的にするものです。

もういい加減、こういうことはやめて欲しい。私の実家も零細企業とはいえ会社をやっていたから、子どもゴコロに人を使うことや人件費の負担の大きささなんかはわかる気もします。でも、「会社」が利益を上げるために、働く人たちを少しでも安い賃金で雇ったり、必要なときには人を増やして要らないときには切り捨てたり、それで団結して文句を言う人は分断して潰《つぶ》したり、立場を変えてそもそも団結するのを難しくしたり……そんな「合理的な」ことをして、給料がもらえなくて十分に物を買えない人が社会に溢《あふ》れたら、会社だって物が売れなくて困るんじゃないの？　物が売れないから、先行き不安で会社もどんどん溜《た》め込もうとする（内部留保）。すみません、私も経済のしくみはよくわかりませんが、なんだか、みんながみんな、ぐるぐる回って首を絞めあってるような気がします。□

というわけで、少し話がずれてしまいましたが、私たち、働く人にできること。

私ももともとは個人主義者で、面倒くさいことは嫌いで、誰かに何かを強制されるのもあんまり好きじゃない人でした。でも、だからといって、「組合って面倒くさい。」「誰かがやってくれるだろうし、私は関係ない。」とか思ってると、それこそ与《くみ》しやすい人で、国とか会社とか大きな存在からしたら、「いらっしゃーい！」って望まれる存在なんだとわかったから。集まって立ち向かわれることこそが、嫌なことなんだってわかったから、やっぱり、団結するって大事だな、と思うのです。

だから、組合なんて、と思ってる人には、少しでも、そんな目で見てもらえたらな、と思います。先日、組合の方と話をしていて、労働組合で街頭宣伝とかやってると、「そんな余裕があっていいわね、こっちは生活で大変なのに」と通行人に批判されたりする、と聞きました。大阪の、「公務員天国」という見方もそう。団結して、声を上げてる人に対して、「既得権益を守ろうとしている」「こっちはもっと大変なのに」とか批判をすることは、結局は、自分たちの首を絞めることに繋がると思うのです。そうやって、同じ労働者同士で攻撃したり批判したりし合うのではなくて、十分に団結してたたかう余裕がない、非正規の仕事しかなくて誰と団結したらいいかわからない、そんな立場に置かれている怒りを、国にぶつける方が、いいんじゃないかな。

それこそが、私たちが国に対して縛りをかけた憲法で、私たちが団結する権利がわざわざうたわれてることの意味なんじゃないか、そう思います。

## 3　プライバシー権と知る権利——情報は、誰のもの？

### ■憲法に書いてない権利は、認められない？

最近、大手通信教育会社であるベネッセの顧客名簿が流出して、問題になりましたね。実は私も、一時期「こどもちゃれんじ」を取っていたので、ベネッセからお詫《わ》びのはがきが来ていました。

保育園や小学校でも、保護者会の名簿やクラス連絡網が作られますが、最近は「部外秘」「取扱い注意」とか、いろいろ書いてある。保育園でも、行事のときに撮った写真をホームページに掲載したり、外に流すお便りなんかに載せるときは、写っている子どもの保護者に確認を取ったりしています。私たちが子どもの頃（三〇年も前ですけど……）には、そんなことはなかったですよね。

「世知辛《せちがら》い世の中になった」「昔はおおらかで良かった」という意見もあると思います。私も、こうした風潮、雰囲気は、二〇〇五年に施行された「個人情報保護法」が、やや過剰に意識されているもので、少し危険な面もあると考えているんですね。それについては後でまた述べますが、少なくともこうした風潮は、私たちの中で、「プライバシー権」「肖像権《しょうぞう》」といった、新しい権利に対する意識が高まった結果、とは言えるでしょう。

□

日本国憲法が制定された当初は、「プライバシー権」「肖像権」という言葉も概念も、発達していませんでした。だから、日本国憲法がずらりと並べて保障している「人権カタログ」（一四条～四〇条）の中には入っていないんですね。

プライバシー権が日本で確立される契機になったのは、一九六四（昭和三九）年の「宴《うたげ》のあと」事件です。最高裁は、被告平岡公威《ひらおかきみたけ》（ペンネーム：三島由紀夫）の書いた小説「宴のあと」が、実在の東京都知事候補とその妻をモデルにして書かれたものであり、その東京都知事候補であった原告の「私生活をみだりに公開されない」という法的保障ないし権利であるプライバシー権を侵害したとして、原告の損害賠償請求を認めました。

この中で判決は、こんなことを言っています。

「近代法の根本理念の一つであり、また日本国憲法のよって立つところでもある個人の尊厳という思想は、相互の人格が尊重され、不当な干渉から自我が保護されることによってはじめて確実なものとなる」「そのためには、正当な理由がなく他人の私事を公開することが許されてはならない」。こうした考え方の片鱗《へんりん》は、たとえば他人の住居を正当な理由がないのにひそかにのぞき見る行為は犯罪とされていたり（軽犯罪法一条一項二三号）、他人の手紙を開封して見ることを処罰する信書開披《かいひ》罪（刑法一三三条）など、プライバシーの保護に資する規定にも現れている、と。そして、こうした成文法規が存在することと、「私事をみだりに公開されないという保障が、今日のマスコミュニケーションの発達した社会では個人の尊厳を保ち幸福の追求を保障するうえにおいて必要不可欠なものであるとみられるに至っていることを合わせ考えるならば、その尊重はもはや単に倫理的に要請されるにとどまらず、不法な侵害に対しては法的救済が与えられるまでに高められた人格的な利益であると考えるのが正当」と判示し、人格権に包摂された一つの権利として、プライバシー権を認めたのです。

つまり、「個人の尊厳」「幸福の追求」を保障した憲法一三条から、その具体的な中身の一つとして、プライバシー権というものが導き出せることを認めた。まさに、憲法一三条という母親から、プライバシー権という新しい権利が生まれ出た瞬間です。

## ■「私生活を公表されない権利」から、「自己情報をコントロールする権利」へ

最初は、「私生活をみだりに公表されない権利」からスタートしたプライバシー権ですが、その後さらに、さまざまな問題に対する裁判での争いなどを通じて、権利の内容が変化していきます。

一九八一（昭和五六）年に最高裁で判決が出された「前科照会事件」は、私の地元である京都で起こった事件です。

某自動車教習所の指導員をしていた人が、解雇されたため、教習所に対して地位保全の仮処分をして、従業員としての地位にあることを争っていた。

ところで、弁護士法には、弁護士は職務上の必要があるとき、所属する弁護士会を通じて、公務所等に対し必要な事項を照会できるという規定があるんですね（弁護士法二三条の二）。二三条照会と言って、私たちもよく使う制度です。

それで、教習所側の弁護士が、裁判等に提出するために必要だとして、指導員の前科や犯罪歴を照会したところ、京都市中京区役所（まさに私の事務所がある区です）から、指導員には前科があること、またその内容についても回答があった。これが、解雇に関する裁

判で使われるわけです。

指導員は、この回答により前科等を公開されたことが違法な公権力の行使であるとして、中京区に対して損害賠償を求めた。損害賠償請求を認めた控訴審、そして中京区の上告を棄却した最高裁判決の中では、「前科のある者もこれをみだりに公開されないという法律上の保護に値する利益を有する」として、上記事実関係のもとで前科等をすべて報告することは、公権力の違法な行使にあたると判断しました。また、最高裁の伊藤正己《まさみ》裁判官は、「他人に知られたくない個人の情報は、たとえそれが真実に合致するものであっても、その者のプライバシーとして法律上の保護を受け、これをみだりに公開することは許されず、違法に他人のプライバシーを侵害することは不法行為を構成する」「このことは、私人による公開であっても、国や地方公共団体による公開であっても変わるところはない」との補足意見を述べています。

確かに、私生活じゃなくても、自分にどういう経歴があるか、ましてや前科や犯罪歴といった情報を、公開したくない、という気持ちは当然ですよね。氏名と住所、電話番号は、昔は電話帳に当たり前に載せたりしていましたが、最近ではそれだって、載せてるといろんな勧誘電話とかかかって来るし、住所も電話番号も知らせたくない、という人が増えている。

こうして、職業や住所、電話番号といった個人情報を、自己が望まない他人にはみだりに開示されたくないという期待、すなわち「自己のプライバシー情報の取扱いについて自己決定する利益（自己情報コントロール権）」も、プライバシー権の中身として保護されるようになってきたんですね（神戸地裁一九九九〈平成一一〉年六月二三日判決、大阪地裁二〇〇六〈平成一八〉年五月一九日判決、住民基本台帳ネットワーク事件・大阪高裁二〇〇六〈平成一八〉年一一月三〇日判決など）。

こうした社会情勢や裁判を通じてのプライバシー権の確立、意識の高まりを受けて、二〇〇五（平成一七）年に、「生存する個人に関する情報であって、当該情報に含まれる氏名、生年月日その他の記述等により特定の個人を識別することができるもの」＝個人情報の取扱いや、国、地方公共団体の責務、個人情報取扱事業者の義務等を定めた個人情報保護法が全面施行されました。

権利も、生まれるだけでなくて、成長する、という一例です。

## ■「承諾なしに、みだりに撮影されない自由」＝肖像権

「肖像権」という権利も、日本国憲法が制定された後に生まれてきた概念です。

これもまた京都で起きた事件ですが、京都府学連事件、というのがありました（最高裁一九六九〈昭和四四〉年一二月二四日判決）。京都は学生運動や労働組合の闘争が全国的に見ても激しかったところで、ホント、先輩弁護士たちの武勇伝を聞くのも楽しいんですよね。

立命館大学法学部の学生だった被告人が、「京都府学連」という団体主催のデモ行進に参加しているとき、京都府公安委員会が出した道路使用の許可条件に違反したとして、現場にいた警察官が、被告人を含む先頭集団の行進状況を撮影した。それで、その警察官と被告人がもみ合いになって、傷害と公務執行妨害で逮捕されてしまった、という事件です。令状なしに被告人らの写真を撮影した警察官の行為が適法だったかどうかが争われました。

最高裁は、その判決の中で、「個人の私生活上の自由の一つとして、何人も、その承諾なしに、みだりにその容ぼう・姿態（以下「容ぼう等」という。）を撮影されない自由を有する」「これを肖像権と称するかどうかは別として、少なくとも、警察官が、正当な理由もないのに、個人の容ぼう等を撮影することは、憲法一三条の趣旨に反し、許されない」と判示しました。

この事件では、写真撮影自体は、犯罪捜査のため必要かつ相当なもので適法だとされましたが、少なくとも、「肖像権と称するかどうかは別として」と言いながら、憲法一三条の内容として、みだりに写真撮影されない自由が保障されるべきことを認めたわけです。

余談ですが、高速道路を走っていると、「速度自動取締路線」という青い看板が立っているのを見たことがあると思います。スピード違反をしている車両を検知すると、自動的に速度を記録し、写真を撮影する、いわゆる「オービス」が設置されてますよ、と事前にお知らせしている看板です。このオービス、ナンバープレートから、運転席・助手席に乗っている人はもちろん、ヘタしたら後部座席に乗っている人も、バッチリ写ります。何を隠そう、私も写ったことがあるので、よく知ってます（こんな極めてセンシティブな情報を公開するなんて、我ながら赤裸々《セキララ》にも程《ほど》がありますが）。

これが肖像権（ないしはプライバシー権）を侵害するんじゃないか、ということでこれまた裁判で争われたこともあるんですが、設置場所の手前で二回、事前告知がなされているなど方法が合理的であるとして、違憲ではないとされました。まあ、そういうこともあって、二回目の青い看板を見落としさえしなければ、それから一キロメートルもしないうちにオービスが設置されている、ということはわかるわけです。

## ■権利は憲法になくても生み出せる――自民党の「だまし」

少し話がずれてしまいましたので、軌道修正。

このように、権利というものは、憲法に書いてないと保障されない、というものではないんですね。社会環境の変化やそれに基づく人々の意識の高まりによって、新しい権利が生まれてくる。また、生み出せる。

前にお話しした自民党の「憲法マンガ」には、「憲法に規定されていないことはほかにもあるぞ」「犯罪被害者の人権軽視はよく話題になるから知っとるのぉ」「ほかにもプライバシーに関することや　環境保全の義務　国の国民に対する説明責任も　今の憲法には規定がない」「そんなに!?」「七〇年前にはなかった考え方も多いからなぁ」などと会話が続き、「うーん　そっかー（憲法を）変えるメリットもあるのかもねぇ」と結ばれています。

今までお話ししてきたことで、これが憲法を変えるための口実に過ぎない、騙《だま》しだということを、わかっていただけるといいな、と思います。七〇年前になかった考え方でも、社会の変化や意識の高まりに応じて、法的保護に値する、保障されるべき権利として認められてきているのです。

□

犯罪被害者の人権軽視、と言いますが、憲法に規定がなくても、この間犯罪被害者保護のための法律は次々に打ち出されてきています。ただし、刑事裁判での意見陳述、情状に関する被告人に対する尋問、刑事裁判の手続きを利用した被告人への賠償命令など、被告人に対して犯罪被害者を「ぶつける」ような制度ばかりで、犯罪被害者給付金の大幅な増額・支給条件の緩和や、犯罪により保護者や住居などを失った場合の補償など、国の支出を伴う施策についてはほとんどおこなわれていません。

私は刑事事件も好んでやっていますが、他方で、「修復的司法」と言われる、加害者と被害者がただ対立するのではなく、犯罪によって生じた歪《ゆが》みをなんとか修復して行こうとする司法のあり方にも関心があります。だから、犯罪被害者の支援にも、わずかながらですが携《たずさ》わっています。

刑事手続の中で被害者の怒りを被疑者・被告人にぶつけさせ、はけ口を作る制度は、両者の対立を必要以上に深刻なものにしかねません。それで、犯罪による経済的な困窮や精神的苦痛の慰謝など、被害者が真に犯罪の爪痕《つめあと》から回復していくときに必要な施策（はっきり言えば、予算措置）がないのでは、本当に不十分だと感じます。

これは、憲法に規定がないからできないのではありません。犯罪被害者を経済的に支援するという形での被害者保護は、それ自体、他者の人権と衝突する場面はないのですから、国がその気にさえなればできるものです。それをやりもしないで、犯罪被害者の保護のため憲法改正が必要だ、などと言わんばかりの論調は、よく言うよ、と呆《あき》れるばかりです。

□「プライバシーに関すること」については、憲法に明文で書いていなくても、権利が現に認められ、法律も整備されてきたことは述べたとおりです。

環境保全の義務についても、どの口でそれを言うか、と、はらわたが煮えくりかえる感じがします。

環境権については、最高裁が正面から認めた判例はまだないとしても、下級審では人格権（一三条）をもとに、マンション建設の差し止めなどを認める仮処分がいくつも出ています。むしろ、住民らが環境権を盾《たて》にたたかって、環境権自体が認められずに負けてきたのは、国相手の訴訟です。大阪空港の周辺住民が、激しい騒音に堪《た》えかねて飛行差し止めを求めた大阪空港公害訴訟もそう。東海道新幹線騒音訴訟や、厚木基地騒音訴訟、全国の原発の稼働差し止めを求める訴訟もしかり（二〇一四〈平成二六〉年五月二一日の福井地裁・大飯《おおい》原発三、四号機の運転の差し止めを認める判決では、人格権を根拠にこれを認めた素晴らしい判決でしたが）。

極めつけは、沖縄・普天間《ふてんま》基地の辺野古《へのこ》への移設問題。二〇一四年夏、国は辺野古沖で、普天間基地を移設して基地を造るため、海底掘削調査を強行しました。そして今、国の組織である沖縄防衛局は、海上に浮かべる浮具（フロート）やオイルフェンスの錨《いかり》（アンカー）だとして、一〇トンから最大四五トンもの重さの巨大なコンクリートブロックを、次々に投下している。ジュゴンをはじめとして、貴重な、そして多様な生物をはぐくむ温床となっているサンゴや岩礁を破壊する、環境破壊が続けられているのです。しかも、以前に沖縄県が岩礁破砕《はさい》を許可した区域の外でもおこなわれている。

憲法に環境保全の義務を規定すると言いますが、憲法に書かなくても、国がこうした環境破壊の行為をしなければいいだけです。仮に憲法に環境権が明記されても、空港や基地の騒音、大型公共工事による環境破壊等、国が被告になるような裁判では、今までどおり、基地や大型インフラの必要性を振りかざして、差し止めなどが認められるべきではないと主張することは（そして残念ながらほとんどそれが認められてしまうことも）、目に見えている。

自民党は、今後の憲法改正について、まず環境権・緊急事態条項（国家緊急権）・財政規律に関する規定の新設から進めていこうとしています。長年与党として国政を動かしてきた自民党が、そもそも環境破壊を率先しておこないながら、「環境保全の義務を憲法に書きますよ～、いいでしょう？」などと言うのは、さも口当たりが良くて、国民の理解が得られそうだから。

一見お買い得品に見える「目玉商品」と粗悪品を混ぜてたたき売るような、こんな悪徳商法のような手口には、引っかかりたくないものです。

## ■一番危険なのは、国

プライバシー権が、新しい人権として認められてきたことをお話ししました。でも、本来は、憲法で保障している基本的人権って、国民と国民との間を規律するものというより、まず国に対して命令すべきもの。私が最初に、個人情報保護法が施行されてから、過剰反応で少し危険な感じがする、と述べたのは、その点なんです。

私たちは、名簿を売ってお金にする業者とか、写真を無秩序にTwitter（ツイッター）やFacebook（フェイスブック）などのソーシャルネットワーキングサービス（SNS）ではらまかれることとか、社会生活上、他の「人」や「会社」などに対してプライバシー権を警戒しがちです。確かに、市民生活のレベルで直面する問題は、私人間のものが多いので、仕方のない面はあります。

でも、本当に警戒しなければならないのは、つまり暴走したときに一番危険なのは、やはり私たちの情報が「国」という最強の組織に吸い上げられ、管理されることだと思うのです。

□

最近は、携帯電話のほとんどが、人工衛星を利用して電波が発信されている場所（つまり、携帯を持ってる人が今いる場所）を測位できるようになっています。そのGPS情報を犯罪捜査に活用しやすくするため、総務省は現在、通信事業者に対するガイドライン（指針）の見直し作業を進めているんです。二〇一五年六月には、大阪地裁で、令状なしのGPS捜査は違法、との判断が下されました。自分の知らないうちに、ピンスポットで自分がいる場所を把握されているかもしれない。これ以上のプライバシー侵害はないですよね。

それから、これはプライバシーだけでなく、憲法二一条二項で「検閲《けんえつ》は、これをしてはならない。通信の秘密は、これを侵してはならない。」と規定された、通信の秘密にも関わることですが、現在（二〇一五年六月）国会では、通信傍受法、私たちが「盗聴法」と呼んでいる法律の改悪法案が提出され、審議されています。これも残念ながらあまり大きく報道されていませんが、とても怖いことだと思います。

□

一九九九（平成一一）年に成立した盗聴法は、そもそも通信の秘密を侵す憲法違反の法律だとして、大反対に遭《あ》いました。犯罪の捜査のため、電話、電子メール、ＦＡＸといった「通信」を警察が傍受《ぼうじゅ》（いわゆる盗聴）することを認めるこの法律。対象犯罪を組織的殺人、銃器関連犯罪、薬物関連犯罪、集団密航という四つの重大かつ組織的な犯罪の捜査に限って認めること、盗聴は裁判所の令状に基づき、通信事業者の立ち会いのもと、スポット的に傍受して犯罪に関する通話がおこなわれている場合に限って傍受できる、という制限を課して、何とか成立した、という経緯があります。令状を請求できる人も制限されたり、通信事業者の立ち会いのため東京に警察官を派遣しておこなわなければならないなど、制約が大きいため、実際の傍受件数は、全国で年間数十件にとどまっていました。捜査機関からすれば、「使い勝手の悪い」制度だったわけです。

ところが、提出されている法案では、これらの制限を大幅に緩和しようとしている。まず対象犯罪が、組織的な窃盗、詐欺、傷害、逮捕監禁といった、普通の刑法犯にまで拡大されます。通信を記録する際に通信事業者の立ち会いは不要となり、とりあえず通信を暗号化して全部記録しておいて、後から警察署などで復号化して聴けるようになる。

自分は犯罪なんか関わらないから、関係ないな、と思う人が大半かもしれません。私たちも、街頭宣伝などで訴えていますが、なかなか興味を持ってもらえない。

でも、自分は犯罪に関わっているつもりがなくても、もし自分の家族や知人が犯罪に関わっている疑いをもたれていたら、どうでしょう。その家族や知人から、自分に電話がかかってきて、何気なく雑談をしたとします。中には、他人には聞かれたくないような話をすることもあるでしょう。そんなとき、その通話が警察に傍受されていたとしたら。以前なら、スポット傍受で犯罪に関係ない会話がされていたときは、それを傍受することはできませんでしたが、改悪後は、丸ごと暗号化して記録され、後で警察官に聴かれるかもしれない。気持ち悪い、と思いませんか。

あるいは、こんなに対象犯罪が拡大されては、自分が思いも寄らないうちに犯罪だとして通信が傍受されるかもしれない。労働組合の団体交渉が長期的にこじれて、次回の交渉では何としても回答を出させよう、会社側の交渉担当者が回答を出すまでは、組合員全員で協議の場に詰めかけて、会議室から出さないようにしよう、と話し合いをした。それで、会社の交渉担当が二時間会議室から出られず、押し問答になったとします。悪質だというので、会社側が警察に相談した。次回以降もまた団体交渉の申し入れがなされている。それで警察が、当該組合は組織的に交渉担当者を監禁した、また今後も団体交渉で不法な監禁がおこなわれるおそれがある、ってんで、組合の電話やインターネット、ＦＡＸなどの通信を傍受することだって、できるようになってしまう。

□

二〇一三年六月、アメリカの元ＣＩＡ（中央情報局）およびＮＳＡ（国家安全保障局）局員だったエドワード・スノーデンさんが、アメリカ政府が隠密《おんみつ》に、国内外でインターネットや電話回線を傍受するなど、市民の監視活動をおこなっていたことを暴露《ばくろ》し、世界的な問題になりました。でも、これは対岸の火事ではありません。この本のプロローグの仮想未来では、緊急事態でインターネットの検索ができるような政令を発した、という設定にしましたが、現在の日本でも、犯罪に関わっていない市民を国が監視するということが、実際におこなわれているんです。

またもや京都ネタで恐縮ですが、二〇一四年一一月には京都大学の構内で、学生らの演説を聴いていた私服警察官が、学生たちに取り押さえられる事態がありました。警察官は過激派対策などを担当するいわゆる公安の所属で、休憩中に通行していただけで公務中ではないと主張したということですが、どう考えてもそんなはずないですよね。

自衛隊には情報保全隊という組織があり、市民の監視活動をおこなっています。二〇一二（平成二四）年三月には、仙台地裁で、陸上自衛隊情報保全隊（当時）が自衛隊のイラク派兵に反対する活動をおこなっていた市民を監視し、個人情報を集めて保有していたことを認め、国家賠償を命じる判決が出されました。現在も控訴審での審理が続いています

が、この訴訟を通じて、情報保全隊が、イラク戦争への自衛隊派兵に反対するデモ行進や、集会、街頭宣伝などに参加した市民の氏名、職業、所属団体等の個人情報を収集・記録し、写真撮影などもおこなっていたことが明らかになっています。

□

これは以前の——つまり憲法を学ぶ前の——私も含めてですが、私たちは、他の国の人と比べて、どうも「国」が情報を収集することに対する警戒感が薄いように思うのです。もちろん、「日本人は」なんていうひとくくりにはできないので、傾向として、ということですが。

例えば、私は弁護士の平均と比べてかなり離婚事件、特に女性側の代理人を多く担当している方だと思いますが、調停や裁判などで離婚が成立した後、今後どういう手続きが必要かもアドバイスをおこないます。そのとき、調停や裁判で離婚した、ということは自動的に伝わりはしないので、一〇日以内に市役所や区役所で離婚届を出して、戸籍に反映してもらう必要がある、と説明すると、多くの方が、「あ、そうなんですね」という反応なんです。何となく、裁判所も役所も同じ「お上」で、みんな共通、というイメージがある。

役所に行って市民窓口で離婚届を提出したとしても、国民健康保険への加入や年金などの切替えについては、それぞれ保険年金課だったり年金事務所だったり、別の部署や別の機関に行って手続きをしなきゃいけない。中には、「お役所仕事で面倒くさいなあ。全部一括で、自動的にやってくれたらいいのに」と思う人もいるかもしれません。

でも、考えてみてください。その「便利」は、ちょっと間違えたら怖いことです。私たちが、どこで、どんな手続きをしたか、一つ動けばその情報が、国や地方公共団体のすべての機関で自動的に共有されてしまうとしたら。

一番怖いのは、国が、自分に都合の悪いことを言ったりやったりする人（犯罪者ではもちろんありません）、自分に従おうとしない人の情報を一元的に収集・管理して、その弾圧に利用しようとすることです。が、「自分にはそんな心配はない。だから、便利なんだったらそれでいいよ」と思う人も多いかもしれません。

だったら、例えば、皆さんが誰かとちょっとしたケンカをした、あるいは知らないうちに恨《うら》みを買うようなことがあった、と想像してみてください。もしくは、知らないうちに誰かに惚《ほ》れられていた、など。そして、その人が、もし私たちの情報に接することができる公務員で、私たちの情報を知りたい、と考えたとしたら。私たちの個人情報が、国や地方公共団体、あるいは裁判所など、バラバラに分けて保有されていれば、不法な目的を持って個人情報を得ようとする公務員がいたとしても、その力の及ぶ範囲は限られますから、集められる個人情報はその範囲に限定されます。でも、一元管理されていれば、一つ穴が開けばズルズルと、全部知られちゃうんです。二〇一五年六月には、年金の個人情報が流出していた問題が明らかになりました。一元化されれば、「便利」にはなるかもしれないけれど、それだけ「すべて」を知られてしまう危険は高まってしまう。怖いことだと思いませんか？

□

最近の私たちは、本来同じ立場であるはずの市民同士なのに、横目で他人をうかがって、警戒しているように見えます。でも、本当に警戒すべきなのは、一番権力が集まっていて、ひとたび暴れ出して濫用《らんよう》されたら止めることが難しい、「国」（地方公共団体もですが）の側なのです。

住民基本台帳ネットワーク、二〇一五年一〇月から通知が始まるマイナンバー制度、Nシステム、GPSの操作利用に盗聴法の改悪……。私たちのプライバシーや個人情報が、巧妙に奪われ、一元的に収集・管理されていく。そんな「監視社会」が、すぐそこまで来ています。

## ■『国民の情報は国のもの、国の情報は国のもの』?!

これまで、本来私たちが国から収集・開示されずに持っていたい個人情報が、国に収集されていく危険について、お話ししてきました。

最後に、その反対の動きについても少し触れたいと思います。まるで「ドラえもん」の登場人物ジャイアンの名台詞《めいぜりふ》、「俺のものは俺のもの、おまえのものは俺のもの」みたいですが、本来国民のものであるべき情報が、国民には秘密にされるという、「特定秘密保護法」についてです。

先日、法律相談で、あちこちで借金を重ねたり、家にもお金を入れず経済的なことで苦労をかけられっぱなしの妻が、夫との離婚を考えたい、というケースを担当しました。残念ながら、そんなに珍しいご相談というわけではありません。夫は家を出て所在不明になってしまったが、夫に騙《だま》されてお金を貸した被害に遭《あ》った人が、妻のいる実家を訪ねてきた。家にはいないことを説明したが、その人が警察に相談して、警察が捜査して夫の居場所がわかった。でも、このまま夫が逮捕されたり裁判を受けたりすると、自分の子どもが例えば公務員になれなかったり、子どもの将来に差《さ》し支《つか》えるのではないか、その前に離婚したり、何とか穏便《おんびん》に済ませてもらえるようにした方が良いのではないか、とお悩みでした。

以前なら、「まだお子さんも小さいことですし、仮に将来公務員試験を受けられたとしても、そこまで調査をしたり、それを理由にはねたりすることは、少なくともおおっぴらにはできないと思いますよ」と回答したかもしれません。

でも、二〇一三年一二月に強行採決され、世論の強い反対にもかかわらず、二〇一四年一二月に施行された特定秘密保護法では、国が指定する「特定秘密」を扱う公務員や、その周辺の人々を政府が調査・管理する「適性評価制度」が導入されました。特定秘密を取り扱わせようとする者（対象者）は、事前に自分や家族（配偶者、父母、子、兄弟姉妹、配偶者の親および子。同居していない家族も含む）の氏名、住所、生年月日、国籍等の個人情報や、犯罪歴、薬物使用歴、精神疾患の有無、飲酒の節度、経済的な状況などを調査されます。適性ではねられれば、特定秘密を取り扱うような仕事には就《つ》けないわけです。

法律でこんな調査を認める規定ができているのですから、「父親の前科は、お子さんの将来にはまったく影響しません」とは答えられませんでした。

□

「特定秘密」の対象となるのは、「防衛」「外交」「特定有害活動（スパイ活動）の防止」「テロリズムの防止」の四分野です。すでに、一〇の行政機関が、三八〇件以上の特定秘密を指定したとされています。でも、冗談のようですが、何が秘密なのかも秘密なので、それらが本当に秘密にされる必要がある情報なのかどうかもわかりません。

意識が低いとかって責めないで欲しいんですが、私も憲法を学ぶ前は、漠然と、国家機密が国民に秘密にされるのは当然、と思っていました。というか、あまり考えたこともなかった。でも、私たちは憲法で縛りをかけた範囲で、国の機関に国の運営を委《ゆだ》ねただけで、本当に力を持っているのは私たち一人一人なんですよね。それがわかると、当たり前のように、国が持ってる情報は、本来私たちの情報のはず、と思えるようになりました。

クラス全員でお金を出して、離任する先生のお別れ会をしようって話になって、一人五〇〇円ずつ集めて学級委員にお金を渡したとします。でも、学級委員が、何にいくら使ったかをクラスメイトに秘密にして、「とにかく花を買ってきたんだからそれでいいだろ、俺に任せとけば間違いないいんだよ」とか言い出したら、普通、おかしいって抗議しますよね。

規模はまったく違いますが、国だって同じようなもの。私たちが主権者なんだから、私たちには、自分が任せた範囲で国がちゃんとやってるか、おかしなことがおこなわれていないか、知る権利がある。国の情報は、私たちにオープンにされるのが原則なんです。

ところが、クラス運営どころじゃなくて、国の規模になると、組織も複雑になる。関わる人も多い。みんな、どこで何をやってるか、見えづらくなる。いろんな判断も難しくなるし、各方面の配慮も必要。説明も面倒くさいし、責任追及されるのも嫌だし、ということで、ともすれば、情報が隠されがちになる。

そこで大切なのが、「知る権利」の保障です。正確な情報を得てこそ、それはおかしいんじゃないか、いや正しいだろ、と意見を言うこともできる。反対に言えば、私たちが意見を表明していくためには、まずは判断材料としての情報を得ることが必要不可欠です。だからこそ、「集会、結社及び言論、出版その他一切の表現の自由は、これを保障する」とした憲法二一条一項は、その前提として、私たちが表現する前提となる情報を「知る権利」も保障している、とされているんですね。

個人のプライバシー権と衝突することの多い「知る権利」ですが、公職にある人や、社会的影響のある人に対しては、一般の人に比べてプライバシー保護より知る権利が優先するとされるのも、そのためです。例えば国会議員など選挙で選ばれる立場にある人が、その立場にふさわしい人物かどうか、私たち国民が正しく選ぶためには、ときにはプライバシーに関わるような情報も必要ですから。

特定秘密保護法は、こうした国の秘密に迫ろうとする正当な活動を制限し、さらに萎《い》縮《しゅく》させてしまいます。特定秘密に指定された情報を、故意に漏《も》らした場合のみならず、過失で漏洩《ろうえい》した場合も、それらをそそのかした者も処罰されます。特定秘密を取得した場合だけでなく、それをそそのかしたり、あおったりした場合も処罰される。そもそも、何が秘密指定されているかも秘密なわけですから、新聞記者が、特定秘密かどうか知らずに、ある情報を「教えてくださいよ〜」と食い下がっただけで、特定秘密の漏洩教唆《きょうさ》（そそのかし）とされる可能性があるのです。

□

情報は、誰のものか。

本当は、私たち国民が、「私たちの情報（プライバシー）は、私たちのもの。あなた（国）の情報は、それを知る権利を持っている、私たちのもの。」と言い切るべきです。それと完全に逆行している今の流れを、どこかで断ち切りたい。そう、強く思います。

## 4　まっすぐに続く、戦争への道

■集団的自衛権についての解釈変更――プレイヤーが、ルールの「意味」を変える

この本を書いている二〇一五年六月現在、国会では、安倍晋三《あべしんぞう》首相が言うところの「平

和安全法制」、その実態は「戦争法制」が、審議されています。これは、二〇一四年七月一日に安倍政権がおこなった、それまでの憲法九条の解釈を変更し、集団的自衛権の行使を可能にする閣議決定に基づくもの。

私はあの日、「これでいよいよ、日本の立憲主義の『終わりの始まり』だ」と、半ば絶望的な気持ちで空を見上げたことを、忘れられません。

この解釈変更、何がそんなにダメなんでしょう？

憲法は、今まで述べてきたとおり、国民が国に対して命令し、権力を使える範囲を制限した「鎖《くさり》」です。でも、これも「司法試験後」に初めて知ったことですが、憲法をはじめ、法律、制令、規則、条例等は、どんなに明確な言語で書いたとしても、「解釈」の余地が残ってしまいます。なぜなら、言葉というものは人々の生活や意識、社会情勢の変化に応じて変わるものですし、その意味するところもまた変わってくる。

例えば、憲法二四条の「婚姻は、両性の合意のみに基いて成立」するという条文だって、制定当時『両性』とは生物学的な『男』と『女』のことを指していたでしょう。でも、性の概念が多様化した現代では、「生物学的には男性として生まれたけれど、心理的にはそれとは別の性を持っていた場合は、どちらの性で考えるんだろう」とか、「婚姻する両者の性が異なっている必要はあるんだろうか？　憲法は、同一の性同士の婚姻を禁じているんだろうか?」といったことも、考えなければならない。その時代に合わせて、憲法の条文の趣旨に立ち返り、それが何を指しているると解釈するのか読み解いていく必要があるわけです。

でも、この場合でも、解釈は一朝一夕で変わるものではありません。それまでの理解、解釈の積み重ねの上に、人々の意識や社会の状況の変化があり、それに押し上げられる形で少しずつ変わっていく。

実を言うと、憲法九条の解釈も、制定時期から、少しずつ、変化していました。一九四六年六月、憲法の原案が帝国議会で審議されている際、当時の吉田茂首相は、九条二項は自衛権の発動としての戦争も交戦権も放棄しているんだ、と答弁していたんですね。なぜなら、すべての戦争は「自衛」の名の下に行われるから、と言うのです。私なんかは、そうそう、ホントにそうだよな、と思っちゃいますが。

でも、日本国憲法が公布、施行された後、朝鮮戦争が勃発。アメリカの対日占領政策も方針転換し、「警察力の不足を補う」ための警察予備隊が設立され、保安隊に改編される。そして一九五四年七月には、自衛隊に。憲法九条二項で陸海空軍その他の戦力は持ちません、と約束してるのに、自衛隊を持ったものだから、以後、「自衛隊は、憲法が禁止している『戦力』ではありませんよ、自衛のための最小限度の『実力部隊』なんですよ。」と解釈して、憲法に違反していないことにしたわけです。

苦しい言い訳ですよね。そこから、「自衛隊の実態は軍隊なんだから、きちんとそれを憲法に書いて、コントロールするようにしないといけない。」という、一見もっともらしい憲法「改正」のための根拠も主張されるようになる。でも反対に、憲法九条二項で「戦力は持ったらダメ！」と明確に書いてあるからこそ、こういう苦しい言い訳をせざるを得なかったんですよね。その意味で、十分歯止めになっている九条二項をなくしたら、今でさえこの有様なのに、暴走をコントロールできないことは目に見えています。だからその主張も、却下。

さて、自衛隊は持ったけれど、国防の基本方針はあくまで専守防衛。「自衛」のための実力部隊ですから、当然活動範囲は日本国内に限定される。長距離弾道ミサイルとか、空母とか、長距離爆撃機とか、どこかに攻め入るための攻撃型兵器は持てないし、先制攻撃もできない、という縛りがかかります。

一九七二年には、政府は、憲法九条の下でも「例外的に」自衛のための武力の行使が許される場合がありますよ、との見解を示す。それがどういう場合かっていうと、政府の正式な答弁書としては、一九八五年九月に出された、いわゆる旧・武力行使の三要件。すなわち、①我が国に対する急迫不正の侵害があること、②これを排除するために他の適当な手段がないこと、③必要最小限度の実力行使にとどまるべきこと。これだけは、憲法九条も許している、というわけです。

じゃあ、今問題になっている、集団的自衛権はどうか。集団的自衛権というのは、後でも述べますが、自分の国を守る権利じゃなくて、他国を守る権利ですから、そこまで九条は認めてないよ、と、これまた当然の解釈に行き着きます。一九八一年五月、政府は「わが国が集団的自衛権を有していることは主権国家である以上当然だが、憲法九条の下では許容される自衛権の行使は日本を防衛するための必要最小限度の範囲にとどめるべきと解され、集団的自衛権の行使は許されない」と答弁しました。つまり、集団的自衛権は、持ってるけど使えませんよ、ということ。そしてこの政府の見解が、以後三〇年以上にわたってずっと維持されてきたのです。

□

こういうふうに、ちょっとずつ変化してきたとは言え、集団的自衛権の行使は、それを認めたら憲法九条はあってないようなもの、というほど、最後の、一番厳重な鎖です。これを認めるには、どう考えても、憲法を変える必要がある。集団的自衛権行使の具体化を含めた今の戦争法制につき、二〇一五年六月四日、与党推薦の憲法学者も含め、三人の参考人全員が「憲法違反だ」と明言したのも当然のことです。

「憲法の番人」として、憲法の解釈を担ってきた内閣法制局も、当然ながら憲法九条の下では集団的自衛権の行使は許されない、と考えている。歴代の法制局長官も、集団的自衛権の行使を認めることには断固として反対してきた。

ところが、安倍さんはこれが許せなかったんですね。二〇一三年八月、内閣法制局の長官を、集団的自衛権の行使容認に積極的な人物へとすげ替えてしまった。しかも、歴代の長官は法務省や内閣法制局内部から選ばれてきたのに、まったく関係のない前駐仏大使を連れてきたんです。これだけでも、権力の私物化も甚《はなは》だしい。

そしてとうとう、翌二〇一四年七月一日、閣議決定で集団的自衛権の行使を認めてしまう。今までの武力行使三要件を、新しい三要件——①我が国に対する武力攻撃が発生した場合、又は我が国と密接な関係にある他国に対する武力攻撃が発生し、これにより我が国の存立が脅《おびや》かされ、国民の生命、自由及び幸福追求の権利が根底から覆《くつがえ》される明白な危険がある場合であること、②これを排除し我が国の存立を全《まっと》うし国民を守るために他に適当な手段がないこと、③必要最小限度の実力行使にとどまるべきこと（傍線部が変更点）に変えてしまったのです。

繰り返して言いますが、憲法は、私たちが国——国会議員や裁判官だけでなく、内閣総理大臣も——に対して縛りをかけた鎖です。内閣総理大臣は、まずは法律で、そしてさらに上位法の憲法で命じられた範囲でしか、行動できないのです。それを、憲法を変えるどころか、憲法を変えないままに、その「意味」を変えてしまった。

あまりの暴挙に、例える言葉も見つかりませんが、強《し》いて言うなら。

安倍さんが、サッカーの選手で大会に出ていたとします。サッカーには、「オフサイド」というルールがありますよね（私も全然詳しくないんですけど）。相手の陣地内で攻撃をしていて、相手のゴールと自分の間にゴールキーパーしかいないのにパスを受けてシュートすると、仮にゴールが決まっても、オフサイドで得点は無効になる。ところが、安倍首相が前にキーパーしかいないのにパスを受けて、シュートした。審判が「オフサイド！」と旗を上げたら、安倍さんはこう言った。「いやいや、オフサイドっていうのは、自分より前にキーパーさえ一人いたらいい、っていうルールなんです。私が、ルールの意味を変えましたから、それでいいんです。」

……唖然《あぜん》としますよね。いや、あなたプレイヤーでしょ、ルールを守ってプレイしないといけない立場でしょ。それを、ルール守らないどころか、ルールを変えるのでもなく、ルールの意味（解釈）を変えましたから、ってそんな、勝手な……（絶句）。

どうにも上手く例えられませんが、安倍さんのやったことは、それだけ無茶苦茶だ、ということです。

## ■ナチスより酷い？

ここで、はからずも、麻生太郎副総理が言った言葉を思い出します。

二〇一三年七月、櫻井よしこ氏が理事長を務める「国家基本問題研究所」主催の講演会で、麻生氏がした発言が問題になりました。いわく、「ヒトラーは民主主義によって議会で多数を握って出てきた。いかにも軍事力で政権をとったように思われる。全然違う。ヒトラーは選挙で選ばれた。ドイツ国民はヒトラーを選んだ。ワイマール憲法という当時、欧州でもっとも進んだ憲法下でヒトラーが出てきた。常に憲法は良くてもそういうことはありうる。」「憲法はある日、気づいたらワイマール憲法が変わってナチス憲法に変わっていたんですよ。誰も気づかないで変わった。あの手口に学んだらどうかね。」

ここでは麻生さんは、ナチスを賛美するという意味ではなく、静かに憲法論議をしよう、という趣旨で発言した、ということですが（それにしても失言ですけど）、そもそもナチスに関する事実認識が間違っている。

実際の経過を簡単にたどると、まず世界恐慌の翌年、一九三〇年のドイツ総選挙で、ナチスが第一党になる。一九三三年にはヒトラーが政権を樹立、首相に就任しましたが、この時点ではまだドイツ共産党が第二党としてナチスと張り合っていた。そこで同年に起こった国会議事堂の放火事件を、共産党の仕業《しわざ》だとして非難。共産党を非合法化します。それまでの「重大法案の成立には総議員の三分の二以上の出席と出席議員の三分の二以上の賛成が必要」という議院運営規則も、「欠席した議員は、出席した上で棄権したものとみなす」と変えてしまった。

共産党の議員が国会に出席できない状況を作った上で、変更した議院運営規則を盾に、非常事態を理由に五年間ナチス政府に全権を授権する「全権委任法（民族及び国家の危機を除去するための法律）」を成立させ、実質的にワイマール憲法の効力を停止したのです。「ナチス憲法」なんてものはない。法律で、憲法を変えてしまったんですね。しかも誰も気づかないうちに変わってるなんてことじゃない、まさに国中が騒然とした事態の中で、ナチスが全権委任法の成立を強行したのです。

この「全権委任法」が、自民党が憲法「改正」の第一陣としてもくろんでいる「緊急事態（国家緊急権）」とそっくりで危険なことは、後でまた触れます。

こうしてみると、たいがい酷《ひど》いナチスドイツのやり口ですが、私は、安倍首相のやってることは、下手をしたらこれよりヒドいんじゃないか、と思っています。だって、ヒトラーは曲がりなりにも、議会で法律を制定することにより、憲法の規定を無効化している。

安倍さんは、議会を通すことすらせず、今までの政府解釈に従うこともせず、現にある憲法の規定を、「今からこういう意味に解釈しまーす」と閣議決定一本で無効化してしまったのですから。

二〇一五年四月末には、渡米した安倍首相はアメリカ議会での演説で、「安保法制を夏までに成就《じょうじゅ》させる」と約束しました。これも、国会軽視も甚だしい。この時点では、まだ法案の閣議決定もされていませんでした。閣議決定されて国会に提出された法案を審議し、成立させるかどうかを決めるのは、あくまで国会です。なぜ、あなたがそれを他国に約束できるのか。国会を、ひいては国会議員を代表として選んだ私たちをも、舐《な》めているとしか思えません。

## ■「集団的自衛権」は抑止力になるか

このように、そもそも手続的におかしい集団的自衛権の行使容認。さらに、その中身自体が、「騙《だま》し」のカタマリなのです。

まず声を大にして言いたいのは、集団的自衛権って、「自衛」と名がついているけれど、日本の自衛には何の役にも立たない、ということ。

集団的自衛権とは、「自国と密接な関係にある外国に対する武力攻撃を、自国が直接攻撃されていないのに実力阻止する権利」です。簡単に言うと、「日本がアメリカを守る権利」。日本を守るんじゃない。

アメリカは、財政削減のもと、このところ年々軍事費を減らしていますが、それでも、一国で世界全体の三四％を占めるほどの超超軍事大国です（二〇一四年軍事費・ストックホルム国際平和研究所の計算）。これ以上ないっていうくらい、自分で自分の身を守れるアメリカを、なぜ日本が守ってあげないといけないんでしょうか。子どもが大人を「守ってあげるよ！」と、いきがっているようなもの。

安倍さんは、二〇一四年五月の記者会見の際に、集団的自衛権が必要だという説明の中で、アメリカの軍艦に日本人――しかも赤ん坊を抱いたお母さんと子ども――が乗っているフリップボードを示した。有事が起こった朝鮮半島から、在留していた米国人と日本人を乗せてくるアメリカの船が攻撃されたとき、日本がそれを守れないのはおかしいでしょ、と言うわけです。

安倍首相は、誰が見ても集団的自衛権に文句が言えない場面を想定して、これを含む二枚のフリップを指示して作らせたということですが、これ一つとって見ても、突っ込みどころが満載。

まず、防衛の指針や日米の役割分担について定めた日米ガイドラインでは、日本人の輸送は日本が責任を持つ、ということになっている。これは当然安倍さんも知ってることです。紛争が起こる前に、当然外務省は避難勧告を出しますし、こんな赤ちゃんを連れたお母さんなど、真っ先に官民問わず日本の船で退避してるはず。米国の船は米国人しか運びませんから、フリップの図のような場面自体があり得ない。

そもそも、仮に日本人が米国の船で輸送されるようなことがあったとしても、邦人の救助であれば、わざわざ集団的自衛権を持ち出さなくても、日本が日本・日本人を守る個別的自衛権で対処が可能なのです。

さらに、先に述べたように、アメリカが自分でアメリカの船を守れないからと言って、日本に防衛を要請してくる……なんて事態も想定困難です。日本が現在持っているイージス艦は六隻（二〇一六年までに八隻に増える予定）。でも、アメリカは在日米軍基地に配備しているイージス艦だけで一二隻（二〇一七年までには一四隻に増える予定）と、日本の保有数の二倍あるんですよ。朝鮮半島有事となれば、日本だって、弾道ミサイル防衛システムを搭載した虎の子のイージス艦を、日本本土の防衛のために配備しないといけないでしょう。何だって、自力で自分を守れるし他に護衛もたくさんいる米国艦船を、日本が防衛しないといけないのか。

このように、あり得ない設定を持ち出して、さも集団的自衛権が必要かのようにあおり立てる。こんな騙しに乗せられて、戦争法制を容認したら、アメリカの戦争に日本が際限なく巻き込まれるのは明らかです（それが狙いなんでしょうけど）。

## ■集団的自衛権は、違法な侵略戦争をはじめる「口実」

現代において、戦争は違法とされています。一九二八年に締結されたパリ不戦条約、そして第二次世界大戦後に効力が発生した国際連合憲章第七章で、戦争は原則できないんだ、ということを規定している。それでも、第二次大戦後も戦争が絶えないのは、自衛のための戦争は認められている、とされているから。集団的自衛権は、大国が小国に攻め入る形の戦争――実際は違法な侵略戦争以外の何ものではない戦争――の、口実に使われているのです。

ソ連のアフガン侵攻、ベトナム戦争、アメリカが始めたアフガニスタン戦争への多国籍軍の参加、イラク戦争へのイギリスの参戦など、枚挙にいとまがないですが、ニカラグアの例を見てみましょう。

中米に、ニカラグアという国がありますが、一九七九年に、反米・共産主義路線の革命政府ができた。一九八一年に就任したアメリカのレーガン大統領はそんなところに反米・共産主義政権ができちゃ困るってんで、「革命政権がアメリカと友好的な周辺諸国の反政府ゲリラを援助してる！　友人を助けなきゃ！」と難癖《なんくせ》をつけ、ニカラグアへの爆撃や機雷を仕掛けたりと、軍事侵攻したんですね。で、侵攻しちゃった後に、お隣のエルサルバドルという小国などに、「助けて！」と言わせた。ニカラグアへの侵攻は、アメリカの同盟国であるエルサルバドルなどニカラグアの周辺諸国を守るための集団的自衛権の行使だ、というわけです。ニカラグアは一九八四年、国際司法裁判所に訴えました。アメリカは、「いやいや、ですから、これは集団的自衛権の行使であって、違法でも何でもありません。」と主張。でもこれは認められず、アメリカのニカラグア侵攻は違法な軍事行為だとして、賠償を命じられた。

そりゃそうですよね。日本に置き換えて考えてみましょう。例えば、日本の総選挙でどこかの反米かつ急進的な政党が第一党になったとする。ところがそれを気にくわないアメリカが、お隣の韓国が「そんなの嫌だ、最近日本は韓国の領海付近に船をウロチョロしてるし怖いよう、助けて！」と言っているからと、韓国との集団的自衛権を盾《たて》に、日本に攻め込んできたら、どうします？「うちの国のことだし、関係ねえ！　出てってくれ！」とか反発すると思うんですよ、普通。

でもアメリカは、そういうことを世界中でやってきたわけです。そして恨《うら》みを買った。アメリカがテロの第一の標的になるのは、そのツケが回っていると思う。そして、日本が今後、集団的自衛権の行使を認めることは、そんなアメリカの戦争に、集団的自衛権を口実にして巻き込まれる、ってことです。集団的自衛権を口実に——あるいはアフガニスタン侵攻やイラク戦争のように、それすらせずに——アメリカが戦争を始めて、反撃を受けたら、日本はアメリカを守るために、自衛隊を海外に出すのです。日本が攻撃を受けているわけでもないのに。

それが証拠に、今国会で審議されている戦争法制のうち、自衛隊法の改悪では、これまで「直接侵略及び間接侵略に対し我国を防衛」することとされていた自衛隊の任務から、「直接侵略及び間接侵略に対し」という言葉が削除されています（自衛隊法三条一項）。

もう一度言います。集団的自衛権は、日本を守る権利じゃありません。他国を守る権利です。集団的自衛権を行使できるようにして、これからは日本もアメリカを守れますから、と言ったところで、恐れ入って他国が日本を攻めてきにくくなる、ってことにはならない。何の抑止力にもなりません。それどころか、アメリカを守るためにアメリカの始めた戦争に参加できるようにする。相手国からすれば先制攻撃を加えられたのだから、日本は反撃の対象になる。そんな危険なものです。

皆さんは、本当にそんな国になりたいですか？

## ■「戦争絶滅受合法案」、今こそ日本に必要

今、国会で議論されている戦争法制は、集団的自衛権の行使だけではありません。日本の平和・安全を守るためだけでなく、「国際社会の平和・安全」を守るためにも、自衛隊を海外に――しかも、いつでも・どこへでも――派兵できるようにしようとしている。これまでのような「非戦闘地域」だけではなく、現に戦闘さえおこなわれていなければ、すぐ隣で戦闘がおこなわれているとか、今にもこちらにも攻めてきそうとか、そういう危険な地域であっても自衛隊が派兵されるのです。現に攻撃があれば、応じずそのまま殺されるわけにもいきませんから、派遣された自衛隊員が殺し、殺される事態になる可能性は、これまでの比ではありません。

□

世界の警察国家を自認するアメリカが、「国際社会の平和・安全のため」を口実に、実態は侵略そのものの戦争を仕掛け続けてきたことは、先にも述べたとおりです。二〇〇三年のイラク戦争では、イラクが大量破壊兵器を保有している、と言い張ってイラクに侵攻

したけれど、結局大量破壊兵器はなかった。米英軍がイラクでどんなに酷《ひど》いことをしたか。私は、イラクへの自衛隊派兵が憲法違反だとして、全国一三地裁で起こされたイラク派兵違憲訴訟のうち、京都の訴訟に関わる中で、多数の文献資料を通じて、見聞きはしてきました。でもきっと、どんなに調べても、わかりきっていないと思う。だから、この本のプロローグでも、戦地の場面そのものは書けなかったのです。

自分の大切な人を守るためですらなく、正義を口実に、経済のため戦争に行かされる。行けば、自分の身を守るためにも、殺さなければならない。時には、どう考えても兵士とも思えない、自分たちと同じ日常を営んでいる、普通の人たちをも。私だって、自分が何のために、なぜ、人殺しをしているか、わからなくなると思います。アメリカでは、アフガン・イラク戦争の帰還兵が、戦死者よりも多く自殺しており、自殺しないまでも、PTSD（心的外傷後ストレス障害）や人間性の破壊が大きな社会問題になっている。賛否はさまざまですが、イラク戦争で心の傷を負った実在の狙撃手を描いた映画『アメリカン・スナイパー』（二〇一五年公開）は、ぜひ一度観る価値はあると思います。

そしてこれは、日本でも他人事ではありません。二〇一五年五月二七日の国会審議で、防衛省は、二〇一四年度末で、アフガン派遣に参加した海上自衛官のうち二五名、二〇〇四年以後イラク派遣に参加した陸上自衛官のうち二一名・航空自衛官のうち八名の計二九名、合計五四名が、帰国後に自殺していると答弁しました。これを自殺死亡率（人口一〇万人あたりの自殺者数）で見ると、イラクに派兵された自衛官は、日本人平均の一六倍前後もの高い確率で自殺していることになります。非戦闘地域で、後方支援などをおこない、武器使用も極めて限定的にしか許されない状況下でこれなのです。戦争法制が通ってしまえば、「唯人《ゆいと》」のような元・自衛隊員が、いったいどれほど生み出されることか。

□　正直に言うと、私はどちらかと言えば肉食女子ですし、航空部は体育会バリバリ、もっと言うと半ば軍隊みたいなところもありましたから、もし本当に攻めて来られたりしたら、自分が剣を取って戦こうたる!!　みたいな、気概というか、血の気の多さはあるんですね。『トロイ』とか、『ロード・オブ・ザ・リング』とか、映画の戦争シーンなんかもわりと好き。ただし、それにはいくつか条件があるんです。

まず一つは、飛び道具が少ないこと。せいぜい弓矢止まりで、基本は肉弾戦であること。二つ目に、戦争をする必要性・必然性が目に見えること。つまり、敵が本当に攻めてきて、どこかの誰かのためじゃなくて、自分の家族らを守るために戦う、という場合か、せめて国土が貧しくてとか不作でとか、隣に攻め入らないと自分たちが本当に死んでしまう、というシチュエーションの存在。そして三つ目が、王様や将軍など、戦争をするって決めた人やリーダーが、先頭に立って戦うか、先頭には立たないまでも、せめて戦場にいること。

つまり、自分の生死のためには戦争する必要もないのに、儲《もう》かるからとか、自分の子どもっぽいヒロイズムを満足させるためとか、いろんな理由で戦争をしようとし、しかも自分は安全なところにいて、誰か他人に対して、「世界の平和と安全のため、戦場に行って死んでこい」とか決定・命令するだけ（核兵器のボタンを押すだけ、とかも含みます）、というのは、これ以上ないくらいサイアクだ、と感じるのです。

今の戦争法制、特に「国際社会の平和と安全のため」の自衛隊派兵を認める話って、まさにそうじゃないですか？　上品じゃない言い方ですいませんが、安倍首相の国会答弁を聞いてると、本当に、「そんなに戦争したいんやったら、じゃあおまえが一人で行けや」と思ってしまう。

大正デモクラシーの評論家・長谷川如是閑《はせがわにょぜかん》さんが日本に紹介した、「戦争絶滅受合法案」はご存知ですか？　二〇世紀の初頭に、デンマークの陸軍大将だったフリッツ・ホルムが起草して、「この法律を各国が採用して守ったら、絶対に戦争は起こらないということを保証しまっせ」という触れ込みでヨーロッパ各国に配布した、という法案です。

その中身はと言えば、「戦争が始まったら一〇時間以内に、以下の人を最下級の兵士として招集し、できるだけ早く最前線に送って、敵の砲火にさらしなさい。①君主・大統領問わず、国家の元首（ただし男子に限る）。②国家の元首の男性の親族で、一六歳以上の者。③総理大臣、国務大臣、次官。④国民に選出された男性の代議士（国会議員）。ただし、戦争に反対の票を投じた者は除く。⑤宗教者の高位の者のうち、戦争に反対しなかった者。これらの者は、戦争が続いている間ずっと一兵卒として戦争に行かねばならず、本人の年齢や健康状態は関係ない。それから、①～⑤の者の妻、娘、姉妹ら女性は、戦争が続いている間、看護婦または使役婦として招集して、最も砲火に接近した野戦病院で働かせなさい。」

どうでしょうか？　人間の本質を突いた、すばらしい法案だと思いませんか？　戦争法制を成立させる前に、まずはこの「戦争絶滅受合法案」の成立を。今の日本にこそ、必要だと思います。

## ■憲法九条は、我が子を死なせるものじゃない。守るものなんだ

以前、「ママ友九条の会」という、小さい子どもを持つお母さんたちの集まりで、憲法のお話をしたときに、一歳くらいの男の子を抱いたお母さんが泣き出したことがありました。「憲法九条って、平和って、大事だと思うけど、九条があるから日本は軍隊を持たな

いし、戦争をしないんだよ、って。だから、右の頰《ほお》を叩かれたら左の頰を差し出しなさいって言うみたいに、攻められても、日本は攻められるままになりなさいって、この子にそう教えなきゃいけないのかと思ったら……」と、泣きながら、お子さんを抱きしめたのです。

私も、小さな子を持つ母親です。ちょうどその頃、下の子がそのお子さんと同じくらいの歳だったと思います。だから、お子さんを死なせたくない、守りたいと思うその気持ちは痛いほどわかるし、もらい泣きをしながら、「そうじゃないんですよ」とお話をしました。

まず、九条は、安倍さん以前の解釈でも、直接日本が侵害された場合に武力でこれを排除することや、そのための実力部隊の存在を認めている。つまり、自衛隊もあるし、攻めて来られたらそれを排除するために戦うことになる。その点で、お母さんの心配は杞憂《きゆう》です。

私も本当は、自衛隊が憲法違反かと聞かれたら、どう考えても実態は軍隊ですから、違憲だとは思う。憲法が規定しているとおり、軍隊をまったく持たずにいられる日本になったらいいと思うし、その努力はするべきだと思っています。でも、残念ながら、それは短期間で、今すぐできることじゃないとも思うのです。どうしても、隣に軍隊を持っている国があれば、「うちは大丈夫か？」と疑心暗鬼《ぎしんあんき》になる人間の弱さもわかるし、それは私も持っている弱さだから。それをなだめながら、本当に、真の意味の軍隊を持たない国になるためには、東アジア全体の、ひいては世界全体の軍縮と、軍隊に頼らず平和が構築できる仕組みが必要だと思う。

さらに、残念ながらと言うべきか、「軍隊」を持っていると正式には名乗れない日本でありながら、その実態は、世界で一〇本の指に入る「軍事大国」なのです。もちろん、軍事力をどう量《はか》るかというのは難しい問題ですが、単純に軍事費（日本の場合は防衛予算）で考えても、二〇一四年の軍事費で日本は世界九位（ストックホルム国際平和研究所の計算）。ただ、軍事費はドルに換算して比べていますので、これは円安の影響で実際より低く見積もられている数字ですし、二〇一五年は、過去最高の四・九八兆円の予算が組まれましたから、もっと順位は上がるでしょう。

つまり、日本は、攻められたからと言って、簡単に侵略されてしまうような国じゃない、ってことです。自分の子どもに、「日本は九条があるから、攻められても戦えないんだよ。殺されるままになっちゃうんだよ」と教えるのは、事実とは異なっているのです。□

その上で言いますが、もし、本当に他の国が日本に攻めてきて、それを守るために戦ったとして……死ぬのは誰ですか？

もちろん、私たちも殺されるかもしれない。アメリカ軍が上陸した沖縄戦の日本側死者一八万八一三六人のうち、半数近い約九万四〇〇〇人は、沖縄の一般の人でした。日本の人口統計は、戦前戦後は昭和一〇年、一五年、二〇年、二五年と五年間隔で調査されていましたが、沖縄県だけ、昭和二〇年の統計がない。そのこと自体が沖縄戦のすさまじさを物語っていますが、そういうわけで、沖縄県民の何パーセントが亡くなったのか、正確にはわからない。仮に、昭和一五年と同程度の五七万人だとすると、約六人に一人の沖縄県民が沖縄戦で死亡したことになります。ただし、この中には、米軍に殺されたというより、軍部に指示されて集団自決せざるを得なかった住民が多数いることも忘れてはいけません。

だから、本当に攻められたとき、沖縄のようになりたくない、我が子を殺されたくない、そう思ったら。「私の子どもを守って！　戦って！」と、皆さんは言うのでしょう。私も必死でそう言うかもしれない。

でも、国に命令されて、実際に戦うのは誰ですか？　自衛隊――あるいはそのときにはもう国防軍になっちゃってるかもしれない――の人たちです。沖縄でも、亡くなった沖縄県民とほぼ同数の、九万四〇〇〇人以上の軍人・軍属が死亡している。その、守ってと頼んで実際に戦いに出て行く自衛隊の人たちだって、誰かの子どもじゃないんでしょうか。

死んだら悲しむ親や、恋人や、配偶者や、子どもがいるんじゃないでしょうか。そしてそれは、私たち自身かもしれない。

プロローグで語った「瑛太《えいた》」のお母さんのように、徴兵制じゃないからいい、国防軍に、あるいは自衛隊にうちの子を入らせなければいい、と他人事のように思っていたら、自衛隊に入らざるを得ない状況に陥《おちい》っているかもしれない。そんな事態は、すでにアメリカで先行して起こっているし、日本でも、とどまるところを知らない労働者の非正規率の増加、格差の増大、貧困の連鎖を思えば、すぐそこまで来ていると思う。

私が暗黒のフリーター時代、無明《むみよう》の闇《やみ》の底に沈んでいたとき、いっそ戦争でも起こらないかな、などと思ったのは、その想像力が働かなかったから。どこかで自分とは関係ない、と思っていた。遠雷のように、テレビの向こう側で流れるニュース映像のように、戦争を考えていたんです。

でも、だからこそ。本当に戦争になったら、死ぬのは私たち自身ですよ、私たちの大切な親や、配偶者や、恋人や、そして子どもたちなんですよ。守られるにしろ、守るにしろ。殺されたり、あるいは殺したりするのは、私たちなんですよ。それでいいんですか、本当にわかっていますか、そう、問いかけたいのです。過去の私に、そして過去の私と同じように、まだ気づいていないあなたに。

そう考えると、憲法九条はやっぱり、私たちが戦争で死なないための、最大の武器なんです。

いくら強い軍隊を持っても、攻められたら、戦わなくても、戦っても、誰かは死ぬ。もしかしたら、戦争法制が成立してしまったら、日本が攻められなくても、アメリカの戦争にのこのこ巻き込まれに行って、日本を守るためですらなく、死ぬかもしれない。そしてその「誰か」は、あなたや、あなたの大切な人かもしれない。

だから、憲法九条を持った私たち国民は、国に対して命令したのです。戦争はするな。軍隊は持つな。守っても、守られても、誰かは死ぬんだから、一人も死なないようにしろ。そして軍事力を使わずに、攻められないような政治と外交をすることを、死ぬ気でやり続けろ、と。

私たちは、そんな理性的な憲法を持ったことを、誇りに思っていいと思う。

ナチスドイツでヒトラーの右腕だった、ヘルマン・ゲーリングが、戦後のニュルンベルク国際軍事裁判中、刑務所を訪ねてきた米国人の心理学者に「なぜ、ドイツ国民は、かくも無謀な戦争に突入したのか」と尋ねられ、次のように答えたそうです。

「もちろん、一般市民は戦争を望んでいない。わざわざ自分の命を危険にさらしたいとは思わない。……しかし、結局政策を決定するのは国の指導者たちだ。国民が意見を言おうと言うまいと、国民は常に指導者たちの意のままになる。簡単なことだ。自分たちが外国から攻撃されていると説明するだけでいい。そして、平和主義者については、彼らは愛国心がなく、国家を危険にさらす人々だと、公然と非難すればいいだけだ。この方法は、どの国でも同じように通用する。」

こんな「策」に踊らされないように。「我が国の安全保障を取り巻く環境は格段に厳しさを増している」とか、尖閣《せんかく》諸島や南沙《なんさ》諸島の埋め立て等、中国の危機や朝鮮半島の危機や、そんな言葉やマスコミの切り取り方や、何やかやに騙《だま》されて、「私たちの子どもを守るために、軍隊が、戦争が、戦争法制が必要なんだ」と思い込まされないように。

……私たちは、今こそ、ゲーリングの言葉を胸に刻み、誇らかに、憲法九条を国に突きつけるべきではないでしょうか。

# 第4章　もはや「憲法」じゃない
## ——自民党改憲草案のキケンなだまし

二〇一二（平成二四）年四月、自民党は「日本国憲法改正草案」を発表しました。これは、中谷元《なかたにげん》・現防衛大臣を委員長とする「憲法改正推進本部起草委員会」が検討し、起草したものです。自民党は、それまでも二〇〇五（平成一七）年に「新憲法草案」を公表していますが、「日本国憲法改正草案（新憲法草案と区別するため、「自民党改憲草案」と言います）」は、民主党政権時代に作られたためか、より一層、非現実的と言いますか、自民党の「悲願」「理想」が詰まったものになっています。

前にも述べたように、国際的にも憲法と言えば、権力を縛ることによって市民が生まれ持っている権利が侵害されないようにしようという「立憲的意味の憲法」ですが、自民党改憲草案はもはや立憲的意味の憲法ではありません。明治憲法、もっと言えばそれ以前の時代の憲法へと、逆行するものです。

起草委員会には、弁護士の国会議員も複数名含まれています。最初は、まさかそれで、正気でこの改憲草案を作ったわけではあるまい……とわが目を疑いましたが、きっと確信犯なんでしょうね。

では、どこがどんなふうに「ヤバイ」のか、駆け足で見てみましょう。

■天皇制復活?

前文の冒頭からいきなりスゴイです。

「日本国は、長い歴史と固有の文化を持ち、国民統合の象徴である天皇を戴《いただ》く国家であって、国民主権の下、立法、行政及び司法の三権分立に基づいて統治される。」

「天皇を戴く」ですよ。「国民統合の象徴」だとか、「国民主権の下」と一応は言っていますが、「……統治される。」と続き、さも天皇が統治するかのように読ませるところがスゴイ。

今の日本国憲法の冒頭は、「日本国民は、……政府の行為によつて再び戦争の惨禍が起ることのないやうにすることを決意し、ここに主権が国民に存することを宣言し、この憲法を確定する。」と高らかにうたっています。ここには、政府が暴走して戦争に走ることを許さないためにも、国民が憲法を制定して権力を縛る、という考え方がはっきりと示されていますが、自民党さんはそれが気に入らなかったのですね。

第一条には、日本国憲法では「天皇は、日本国の象徴であり」とされていたところを、「天皇は、日本国の元首であり」としてしまった。いくら国民主権の下と言っても、「元首」となれば、実質は天皇が統治する、という構図が浮かび上がります。

その意識からか、日本国憲法第三条で「天皇の国事に関するすべての行為には、内閣の助言と承認を必要」としていたところを、第六条、天皇の国事行為等の第四項で、「内閣の進言を必要」とするとした。臣下である内閣が、元首であり統治者である天皇に言上《ごんじょう》申し上げるかのようです。

そして、「国旗は日章旗とし、国歌は君が代とする。（第三条一項）」と、これまで憲法には何の言及もなかった国旗・国歌について憲法で定めた上、「日本国民は、国旗及び国歌を尊重しなければならない。（三条二項）」と、国民に国旗・国歌を尊重する義務まで課してしまった。

私も、天皇を敬《うやま》う人や、国旗・国歌を尊重する人がいることを、否定はしません。それこそ、思想・信条は自由だから。でも、国が国民に対し、特定の人物を敬うことや、国旗・国歌を尊重しろと命令するのは、筋違いではないでしょうか？　国は、国民一人一人が最大限幸福になるよう、私たちが作り上げるものであって、国のために私たち国民がいるわけじゃないんですから。

■エッ？　国民が国を守るの？

日本国憲法の前文や憲法九条でうたわれた平和主義は、完全に骨抜きにされています。今国会で審議されている戦争法制は、これが通ってしまえば九条が実質的に無効化されるものですが、自民党の改憲草案は、これを駄目押しするものです。

日本国憲法は、九条一項で、国権の発動としての「戦争」と「武力行使」を、国際紛争を解決する手段として「永久に」「放棄する」としていました。

自民党の改憲草案九条一項では、国権の発動としての「戦争を放棄」すると、あえて「永久に」という言葉を抜いています。そして、武力行使は放棄するのではなく、国際紛争を解決する手段としては「用いない」とするにとどめました。

日本国憲法でも、実は重要なのは九条一項より二項で、「前項の目的（注：戦争と武力行使の放棄）を達するため、陸海空軍その他の戦力は、これを保持しない。国の交戦権は、これを認めない。」と、戦力不保持・交戦権がないことを明言していました。

自民党改憲草案の九条二項は、「前項の規定（注：戦争の放棄、武力行使を手段として用いない）は、自衛権の発動を妨げるものではない。」としています。つまり、一項で戦争を放棄するとか、武力行使は手段として用いないとか言いながら、自衛のための戦争はしますよ、ということです。集団的自衛権は、名前だけは一応「自衛権」ですから、集団的自衛権を口実にすれば、実際には侵略戦争もできるわけです。

そして改憲草案は、九条の二という条文を新設し、「我が国の平和と独立並びに国及び国民の安全を確保するため、内閣総理大臣を最高指揮官とする国防軍を保持する。（一項）」と、軍隊を保持することを明言しました。

この国防軍は、「第一項に規定する任務を遂行するための活動のほか、法律の定めるところにより、国際社会の平和と安全を確保するために国際的に協調して行われる活動及び公の秩序を維持し、又は国民の生命若しくは自由を守るための活動を」をおこないます（九条の二第三項）。戦争法制では、すでにアフガン戦争の国際治安支援部隊（ＩＳＡＦ）やイラク戦争の多国籍軍の活動のような、国連の統括しない「国際連携平和安全活動」なるものができるようになる法案が盛り込まれていますが、憲法上も、これを堂々と容認しようというものです。

さらに怖いのが、「公の秩序を維持」するための活動ができるとされている点。これは、例えば戦争に反対する国民が総決起行動を起こしたとき、「公の秩序を害する」として、国民の鎮圧のため国防軍が出動する、という事態を容易に想像させます。軍が、国民を守るためではなく、国民を鎮圧するために国民の側に銃を向ける、ということが起こるのです。

九条の二第五項では、「国防軍に属する軍人その他の公務員がその職務の実施に伴う罪又は国防軍の機密に関する罪を犯した場合の裁判を行うため、法律の定めるところにより、国防軍に審判所を置く。」とされています。戦前の日本軍では、敵前逃亡などの軍紀違反をした場合は、軍事法廷で裁かれました。軍事法廷は、通常の裁判とは異なり、非公開で、軍人以外の立ち会いが許されなかった。密室で、敵前逃亡は死刑との判決がくだされる中、徴兵された国民は、命令から逃げることも許されず、戦地に赴《おもむ》かざるを得なかったのです。こうした反省から、日本国憲法では、通常の裁判所の審級と別の特別裁判所は、設置してはいけないと規定しました（七六条二項）。自民党の改憲草案も、七六条二項の内容は維持していますが、九条の二第五項の「軍事審判所」は、裁判所ではなく「審判所」だから、設置してもいい、というわけで、屁理屈《へりくつ》もいいところです。

改憲草案には、徴兵制については明確に規定されていません。ですが、九条の二第四項では、「前二項に定めるもののほか、国防軍の組織、統制及び機密の保持に関する事項は、法律で定める。」とされていますから、国防軍の人員については法律で徴兵制を敷くことも可能です。

それを窺《うかが》わせる記述は、前文にもあります。「日本国民は、国と郷土を誇りと気概を持って自ら守」ると、国民に国を守る義務まで課しているからです。国は国民を守るためにあるはず、なのですが、これではアベコベです。

もちろん、プロローグで書いたように、このまま格差と貧困が進み、国防軍に入ればさまざまな恩典《おんてん》を与えられるとなると、徴兵制を敷かなくても国防軍に入らざるを得ない人で溢《あふ》れるのかもしれませんが……。

## ■国家緊急権＝全権委任法

先にも述べたとおり、自民党が、改憲の第一陣として考えているのが、環境保全義務、財政規律に関する条文と、この「緊急事態（国家緊急権）」です。

「第九章　緊急事態」と、これまでなかった章を新設。その内容は、概《おおむ》ね以下のとおりです。

「内閣総理大臣は、我が国に対する外部からの武力攻撃、内乱等による社会秩序の混乱、地震等による大規模な自然災害その他の法律で定める緊急事態において、特に必要があると認めるとき」は、「閣議にかけて、緊急事態の宣言を発することが」できます（九八条一項）。緊急事態の宣言には国会の承認が必要ですが、事後でも構いません（九八条二項）。

緊急事態宣言が発せられると、内閣は法律と同一の効力を有する政令を制定することができます。内閣総理大臣に権限が集中され、財政上必要な支出その他の処分や、地方自治体の長に対して指示ができます（九九条一項）。これらの政令の制定や処分についての国会の承認は、もっぱら事後承認です（九八条二項）。

そして、緊急事態宣言が発せられた場合には、「何人も、国その他の公の機関の指示に従わなければなら」りません（九九条三項）。この場合も、「一四条（法の下の平等）、一八条（身体拘束及び苦役からの自由）、一九条（思想及び良心の自由）、二一条（表現の自由）その他の基本的人権に関する規定は、最大限に尊重されなければならない。」とされていますが、その前の部分と併せて読めば、緊急事態宣言下では人権が制限される、ということです。プロローグで書いたような、住居の移転、移動の自由の制限、通信の秘密の制限等は、当然におこなわれる可能性があります。

□

自民党は、緊急事態の創設の必要性について、東日本大震災時に、路上に放置された車両の所有者やその所在の確認が困難で、緊急用車両を走行するための道路を開けるのに手間取ったことなどを挙げ、こうした未曽有《みぞう》の災害時に迅速に対処できるようにしなければならない、と言います。それだけ聞くと、何となく納得してしまいそうな理屈です。

しかし、それだけであれば、緊急時の所有権の制限に関する法律を制定すれば良いだけで、何も憲法を変える必要はありません。東日本大震災の被災地の自治体自身が、次々に緊急事態の制定に異議を唱えていることからも明らかです。

怖いのは、緊急事態を宣言できる理由に、「内乱等による社会秩序の混乱」が挙げられていることです。地震等の災害は隠れ蓑《みの》で、むしろこっちが本命なのです。

先に述べたドイツの例でも、ナチスは、一九三三年、国会議事堂の放火事件を契機とした国内の混乱を理由に、緊急事態を宣言して、今後五年間ナチス政府に国政の全権を授権する「全権委任法（民族及び国家の危機を除去するための法律）」を制定し、ナチスの独裁体制を始めました。

この全権委任法は、まさに自民党改憲草案と類似しています。全権委任法第一条は、「ドイツ国の法律は、憲法で定められた以外に、ドイツ政府によっても制定される。」としています。これは、改憲草案が、緊急事態では内閣が「法律と同一の効力を有する政令を制定することができる」としていることと同じです。また、全権委任法は第二条で、「ドイツ政府によって制定された法律は、……憲法に違反することができる。」としていますが、これはドイツ政府によって制定された法律、すなわち改憲草案の場合は法律と同一の効力を有する政令により、「何人も」「国その他公の機関の指示に従わなければならない。」（改憲草案九九条三項）として、憲法に規定された人権規定の制限を認めたのと同じ理屈です。

本来は法の執行機関にすぎない内閣が自分で立法でき、しかも憲法で認められた人権を制限できるという事態は、とても危険です。憲法が有効であればこそ、私たちは不当な法律に対して憲法違反だと戦うことができますが、憲法自体が緊急の場合には人権を制限することを認めているのでは、「緊急事態」を盾に、どんな人権制限でも許されてしまうからです。

一旦制限されてしまってからでは、もう遅い。私たちは、「地震等の大災害時に、皆さんを守るために必要」などという甘言《かんげん》に乗せられないようにしなければなりません。

## ■「国民が国を縛る憲法」から『国が国民を縛る憲法』へ

くどいようですが、今の日本国憲法は、国民が国に対して発した命令、国の権力に縛りをかけた鎖《くさり》です。そういう意味の憲法を、「立憲的意味の憲法」と言うことは、すでにお話ししました。世界を見渡してもその大半が、特に先進国ではほぼすべて、憲法と言えば「立憲的意味の憲法」です。

ところが、自民党の改憲草案は、この大原則を、がらりと一八〇度転回させるものです。まず、憲法制定の目的からして違います。この章の冒頭で述べたように、日本国憲法前文は、主権が日本国民に存すること、日本国民がこの憲法を制定すること、そもそも国政は国民が信託したものであって、その権威は国民に由来することなどを、高らかにうたっています。

ところが、自民党改憲草案の前文は、「我々は、……美しい国土と自然環境を守りつつ、……国を成長させる。」「日本国民は、良き伝統と我々の国家を末永く子孫に継承するため、ここに、この憲法を制定する。」とした。私たち国民が、国を成長させたり、国を存続し、子孫に受け継ぐために、憲法を制定することになっている。まさに、国民が国のためにあるという構造に、逆転させられているのです。

日本国憲法では、私たちが生き、自由で誰からも妨げられず、幸せになる権利は、生まれたときから当たり前に持っているものであることを前提にしています。その権利は、私

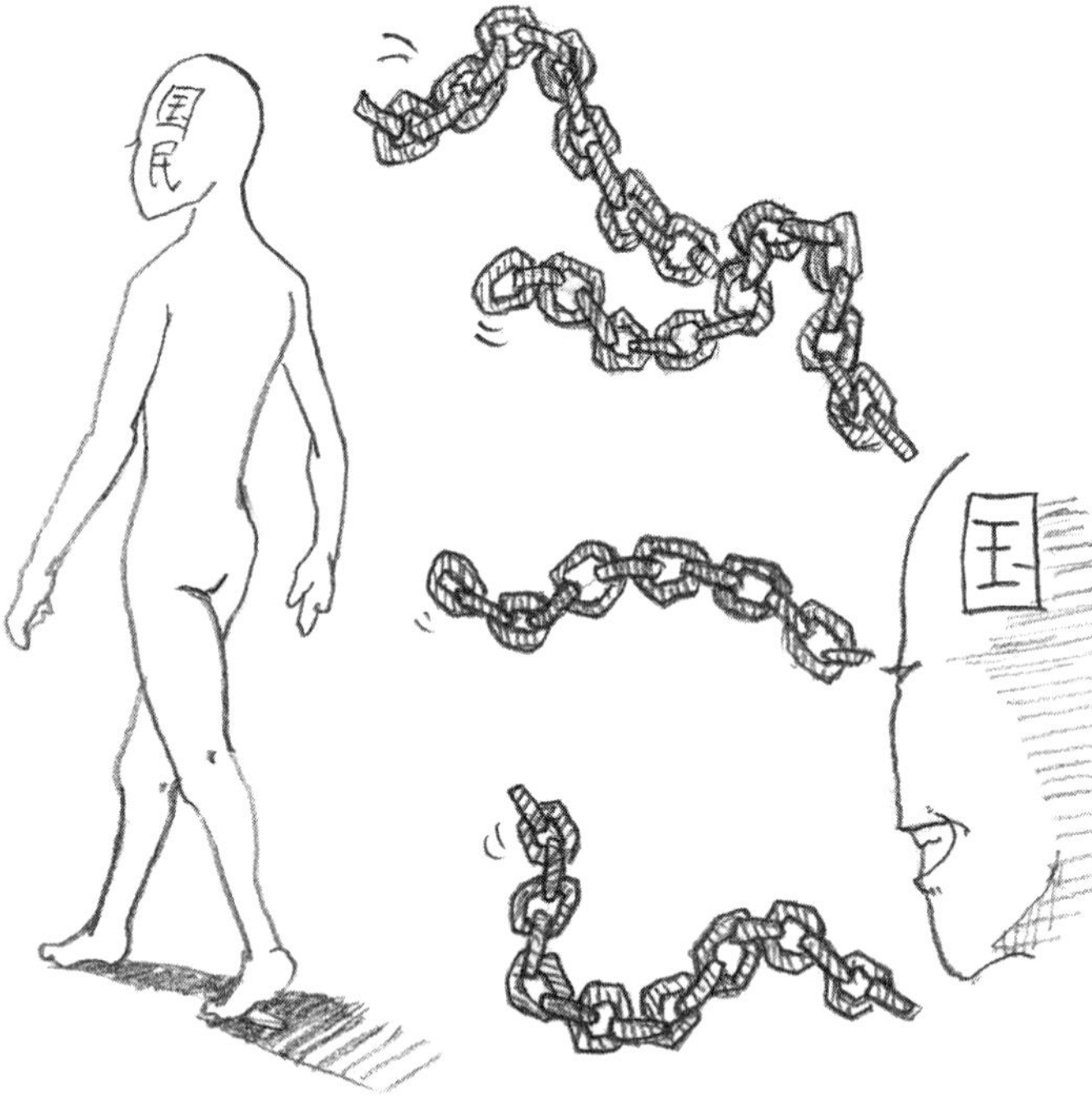


も、隣のあなたも、同じように持っているものだからこそ、それを制限できるのは、それと他の人の権利がぶつかり合ったときだけなのです。この考え方が、「公共の福祉」です。自民党改憲草案では、憲法一三条を、「公共の福祉に反しない限り」から、「公益及び公の秩序に反しない限り」に変え、国民の権利を最初から「公益」とか「公の秩序」とか、国が上から押し付けた「枠」の中でしか存在しないものにしよう

としています。

こうした国民の権利の制限は、随所に現れています。二一条の表現の自由には、これまでなかった項を挿入し、「前項の規定（注：表現の自由の保障）にかかわらず、公益及び公の秩序を害することを目的とした活動を行い、並びにそれを目的として結社をすることは、認められない。」とした。何が「公益及び公の秩序を害することを目的とした活動」なのかは曖昧《あいまい》で、国の解釈によって、正当な抗議活動であっても制限されてしまいかねません。

戦前、戦争に反対したり、政府を批判したりする活動が、治安維持法で取り締まられ、批判を封じたまま無謀な戦争に突入していったことを思えば、これがいかに危険な制限であるかは明らかです。

財産権についても、「財産権の内容は、公益及び公の秩序に適合するように、法律で定める。（二九条二項）」と、上からの枠内で財産権を規定されるかのような内容になっています。

極めつけは、憲法尊重擁護義務です。現行の日本国憲法と、自民党改憲草案の条文を、それぞれ挙げてみます。

◆日本国憲法九九条
天皇又は摂政及び国務大臣、国会議員、裁判官その他の公務員は、この憲法を尊重し擁護する義務を負う。
◆自民党改憲草案一〇二条
全て国民は、この憲法を尊重しなければならない。
2　国会議員、国務大臣、裁判官その他の公務員は、この憲法を擁護する義務を負う。

この中に、内容の変更点が三つあるんですが、皆さん全部おわかりでしょうか？　間違い探しのつもりで、眺めてみてください。

……まず一つ目、国民に憲法を尊重する義務を課している点は、わかりやすいですよね。日本国憲法の憲法尊重擁護義務には、国民は一切書いてありません。これは、そもそも憲法は国民が国に対して守るように命令したものですから、当然です。これを、国民の側に憲法を守らせるように転換してしまったのです。

二つ目は、天皇と摂政を外したこと。天皇と摂政は、憲法を尊重擁護する必要はない、ということです。

三つ目が、いちばんわかりにくいと思います。気づきましたか？「国会議員、国務大臣、裁判官その他の公務員」は、憲法を「擁護する義務」はあっても、「尊重する」義務はないんですね。さりげなく外されている。

□

こんなふうに、自民党改憲草案は、憲法を、「国民が国を縛るもの」から『国が国民を縛るもの』に変えてしまいます。

今、私たちの多くは、憲法があることすら気がつかずに、当たり前に生活している。憲法は、まるで空気のような存在です。でも、目に見えなくても、空が落ちてこないよう支えているギリシャ神話のアトラス神のように、憲法は、私たちを押しつぶそうとする空を、権力を、支えてくれているんですね。だからこそ、私たちは自由に呼吸ができる。

ところが、自民党の改憲草案は、反対に、私たちが自由に呼吸し、活動できる範囲を上から押さえつけ、狭《せば》めようとするものです。そして、一度そんなふうに憲法そのものが破壊されてしまえば、これを再度変えることはほとんど不可能です。改憲後は、改憲後の憲法に対して「おかしい！」と声を上げ、これを正そうとする動き自体が、制約されてしまいかねないのですから。

ここが、日本の分かれ目。何を見、何を考え、何を選ぶか、私たち一人一人が問われています。

# エピローグ　～私たちに何ができるか～

さて。これまで、私が憲法に目覚めるまでの経緯に触れた上で、では憲法って何なんだろう、憲法の視点から見たら社会はどのように見えるんだろう、自民党はその憲法をどう変えようとしているんだろう、ということを、私なりにお話ししてきました。

ただ、これは、あくまで私が、今の時点で考えていること、感じていることです。ここまで述べたことが、絶対的に正しい、とも思っていません。いろんな考え方があると思いますし、私がこれまで述べてきたようなことは理解した上で、それでも憲法を自民党が考えるようなものに変えるべきだ、というご意見もあるかもしれません。それを否定するつもりもありませんし、もしそういうご意見があるなら、どんな根拠でそうなるのか、教えていただきたい。それも知った上で、私自身が何を選ぶのか、どういう意見を持つのか、考え続けていきたいと思うからです。

ただ、もし、今この本を読んでくださっているあなたが、これまでそんなこと、考えてみたこともなかったし、知らなかったけど、何となく、「押しつけられたものだから」とか、「七〇年も変わってないのはおかしいから」という「雰囲気」「イメージ」で、「憲法変えた方がいいんじゃね？」と思っていたとしたら。ぜひ、私がお話ししたことに、耳を傾けて、考えてみて欲しいのです。私自身も、社会に関心がない、そういうことを考えたこともない人だったからこそ。憲法が、今までお話ししてきたようなものだった、ってことを知って、自分がどんなに騙《だま》されやすく、国にとって都合のいい人だったかを気づいた私だからこそ、そう訴えたい。

もちろん、私たち一人一人が、気づいて、騙されない人になるだけで、国の、憲法を変えようとする試みは挫折《ざせつ》します。でも、もしもうちょっとだけ勇気が出せるなら、あなたの周りの、まだ気づいていない人に、「実は憲法ってこんなんやねんで」と、話してみてください。そういう一つ一つが、ホントに大きな広がりを生むと思います。

□

今、「憲法カフェ」という取り組みが、全国各地に広がっています。これは、個人宅や、カフェなどで、ちょっと集まって、お茶やお菓子を楽しみながら、憲法についてお話しする、というもの。

私も、最初に話題提供をしたり、憲法ってこんなものなんですよ、というお話をよくさせていただきます。例えば保育園のお母さんの集まりとか、地域のママ友の集まりとか。そんなとき、よく聞くのは、「こういう話って、大事だな、と思うけど、なかなかする場がない」という悩みです。確かに、保育園の送り迎えで、洗濯物や鞄《かばん》を集めたりとか、慌ただしくしている中で、となりのお母さんを捕まえて憲法の話をするというのは、かなりの勇気がいること。でも、憲法カフェだったら、「お茶飲みながら、みんなで憲法とか、子どもが戦争に行ったら嫌だよねーとか、おしゃべりするカフェをやろうと思うんだけど、良かったら来ない？」って声をかけやすいかもしれません。

そういう場で、もし、「何か自分たちにできたらいいね」って話になったら、できることはたくさんあります。例えば、自分たちで可愛いイラスト入りのミニリーフみたいなのを作って、配ってみたり。リーフは、私たちのような弁護士に言っていただければ、すでにあるものをお渡しもできると思います。

わりと手軽にできて楽しいのは、街頭でのシール投票。私も、憲法改正の手続きを定めた国民投票法（改憲手続法）の制定「要る？　要らない？」や、集団的自衛権の行使「賛成？　反対？　知らない？」など、弁護士仲間だけでなく、事務所の事務員さんや、学生さんなど関心のある人と一緒に取り組みましたが、普段なら話のできないような中学生・高校生とか、学生さんとか、意外と会話が弾んだりして、最初は恥ずかしいけど結構楽しくなってくるものです。

慣れてきたら、デモ行進＝パレードも、結構できたりします。以前憲法カフェにお招きいただいたお母さんたちが、福島の事故の後、原発問題に関心を持って、子どもたちと一緒にパレードをする「原発こどもデモ」というのをやっておられました。最初はそんな問題にも関わってこられなかったお母さんたちが、子どもを放射能から守らなきゃ、という思いで行動に移されたそのパワーには、ホントすごいな、と圧倒されます。

今、周りの女性弁護士を中心に、できないかな〜と話し合いを始めているのは、意見広告です。よく読まれている地方紙の一面全部に、戦争法制反対とか、意見広告を打ちたいな、と。これは、社会に対して「反対してる人がいるよ！」とアピールする効果も大きいですし、広告費を集めるために、いろんな人に一口いくらの賛同金をお願いしますから、そのときに対話もできる。

もうちょっと大きくなると、集会とかも、力を合わせればできます。二〇〇六年にやった憲法集会は、かなり面白いものでした。大学生とかで意欲的な人を集めて、弁護士も一緒に実行委員会を立ち上げ、精神科医の香山リカさんを招いて憲法についてお話ししてもらい、第二部では「憲法九条、変える？　変えない？　徹底討論」と題して、ディベートをやりました。ステージ上で、憲法九条を変えるのに賛成派と反対派と各四名ずつの論者

知ること、
考えること。

が議論。賛成派の中には、本当に憲法を変えるべきだと思ってる美容師さんもいたりして、コーディネーターの森英樹龍谷大学教授（当時）の絶妙の采配《さいはい》もあり、すごく盛り上がりました。

ユニークだったのは、チャットルームを開設して、ＱＲコードでアクセスできるようにし、会場からのリアルタイムの投稿が、ステージ上のスクリーンに随時アップされるようにしたこと。会場からの意見も紹介しながら、論者が議論。そして最後には、参加者に受付で配った青と赤の紙を使い、討論を聞いて憲法九条を変えるのに賛成の人は赤、反対の人は青を挙げてもらって評決までしました。こんな、会場参加型の集会なんかは、すごく面白いし、若い人も多く参加してくれました。

一番大がかりな取り組みとしては、憲法ミュージカル。これも、全国各地でおこなわれてきましたが、京都では二〇〇九年に公演。実行委員会形式で、出演者全員を市民オーディションで選ぶ本格的なもの。一六〇名近くがオーディションに参加し、最終八五名がステージに立ちました。四公演で約一九二〇名、急遽《きゅうきょ》公開されたゲネプロの一七〇名を合わせると二一〇〇名弱が観劇するなど、大成功に終わりました。

これはすごく、ものすごく、大変でしたが、観に来てくれた人だけでなく、九か月余りの練習に参加してくれた出演者一人一人が、憲法について深く考え、学ぶ機会になったし、その後もつながりが続いていった。今まで憲法について考えたこともなかった人たちを巻き込む、貴重な取り組みでした。

□

こんなふうに、小さなものから大きなものまでご紹介してきましたが、「しなくちゃいけない」ものではありません。あくまで、自分たちにできることを、少しずつ、でいいと思います。それが、結果的に大きなうねりになれば、それはそれでいい。

大切なのは、まず、知ること。考えること。そしてできれば少しだけ、それを自分の周りの人に伝えることです。

そんな、国にとって、「面倒くさい」ヤツになること。大丈夫、私みたいに、「社会に関わるの、めんどくせー」と思ってたヒトだって、少しのきっかけで変われたのですから。

この本が、そんな、まだ気づいていないあなたが変わるきっかけになってくれたら。心から、そう祈って、筆を置きます。

## あとがき

筆を置いた後も、戦争法制へ「NO」を突き付ける動きが次々と巻き起こっています。学生さんたちが声を挙げた、東京や関西での「SEALDs（シールズ）」のデモや、全国各地でわき起こる女性たちのレッドアクション、「安保関連法案に反対するママの会」の渋谷ジャック……。あちこちで巻き始めた渦が、突き上げる拳が、声が、大きなうねりとなって、この戦争への動きを押しとどめることを、こころから願ってやみません。

この情勢の中、ともすれば、「今は執筆している場合じゃないのでは？」とわき上がる不安に滞りがちになる筆を、叱咤激励しつつ、何とか出版に導いていただいた新日本出版社の森幸子さんには、足を向けて眠れません。そして、数々の有効なアドバイスをくれた京都法律事務所の皆さん、忙しい中素敵なイラストを描いてくれたチバナヨウイチロウさん、ありがとう。

最後に、戦争のない未来を残すためにたたかうすべての母たちに、そして私自身の両親にも、心からの感謝を捧げます。

二〇一五年七月七日、七夕の夜、願いが叶うことを願って

金杉　美和

金杉美和（かなすぎ・みわ）
弁護士。京都弁護士会所属。
京都市右京区太秦で出生。３歳から富山県で育つ。1993年３月、富山県立高岡高校卒業。同年４月、大阪大学文学部入学。体育会航空部に所属し、グライダーで日本各地・オーストラリアなどの空を飛び回る。1999年３月、２年の留年ののち、同大文学部文学科を卒業。操縦教官の国家資格も取得し、エアラインのパイロットを目指したが受験に失敗。失意のフリーター生活に。2000年11月、一念発起して司法試験に挑戦。司法試験受験予備校の「伊藤塾」に通う。2002年11月、司法試験合格。2004年10月、京都法律事務所に入所。2005年、2010年にそれぞれ男の子を出産し、２児の母。

まだ気《き》づいていないあなたと語《かた》る　セキララ憲法《けんぽう》

2015年8月5日　初　版

著　者　金　杉　美　和
発行者　田　所　　稔

郵便番号　151-0051　東京都渋谷区千駄ヶ谷 4-25-6
発行所　株式会社　新日本出版社
電話　03（3423）8402（営業）
03（3423）9323（編集）
info@shinnihon-net.co.jp
www.shinnihon-net.co.jp
振替番号　00130-0-13681
印刷・製本　光陽メディア

落丁・乱丁がありましたらおとりかえいたします。
© Miwa Kanasugi 2015
ISBN978-4-406-05928-2　C0032　Printed in Japan
Ⓡ〈日本複製権センター委託出版物〉
本書を無断で複写複製（コピー）することは、著作権法上の例外を除き、禁じられています。本書をコピーされる場合は、事前に日本複製権センター（03-3401-2382）の許諾を受けてください。